PROCÈS

DE LA

GAZETTE DE BRETAGNE.

PROCÈS

DE LA

GAZETTE DE BRETAGNE

DEVANT LA

COUR D'ASSISES DE RENNES,

LE 23 MAI 1831.

A RENNES,

CHEZ MADAME VEUVE FROUT, IMPRIMEUR-LIBRAIRE.

—

1831.

AVERTISSEMENT.

Nous avons pensé qu'il pouvait être utile en ce moment, de rassembler dans une brochure, les détails de nos procès, épars dans un grand nombre de feuilles. L'intérêt que notre cause a inspiré, doit survivre aux débats judiciaires. En effet, la liberté individuelle, la sainteté du domicile, en faveur desquelles nos défenseurs ont fait entendre de si puissantes paroles, n'en continuent pas moins d'être exposées chaque jour, aux atteintes d'un pouvoir dont l'arbitraire, dans certain pays, semble la force et l'illégalité, la justice. Il est donc utile que chaque citoyen se pénètre bien des dispositions législatives à l'aide desquelles, il pourra du moins défendre ses droits attaqués. La partie des plaidoyers de M.ᵉˢ Fontaine et Guibourg sur les visites domiciliaires et les fouilles de nuit, forme à cet égard un manuel complet où le précepte et l'exemple se trouvent réunis. Notre travail sera complété par l'indication, au bas des pages, du texte des lois citées par nos défenseurs.

ARTICLES INCRIMINÉS.

*Attaques contre les droits que le roi tient de la nation;
excitation à la haine et au mépris du gouvernement.*

« Quoiqu'il y ait eu en France une révolution, la France n'est
pas révolutionnaire. A l'exception de quelques avocats, de quelques
rédacteurs de journaux et de la jeunesse des écoles, toutes les classes
de la société ont été saisies d'horreur, à l'apparition de la révolution
de juillet. Dès les premiers jours les méfiances se sont manifestées par
le resserrement des capitaux, l'ébranlement du crédit, la suspension
des spéculations commerciales, la diminution des travaux industriels
et la *suppression des dépenses de luxe*. La révolution est entrée dans
le sixième mois de son existence, et, loin de se calmer, les inquiétudes s'accroissent, le mal empire de jour en jour : ce n'est déjà
plus de difficultés, de manque de moyens, de malaise, qu'il s'agit :
c'est de misère, car c'est vraiment la misère qui règne : de quelque
côté que vous portiez vos pas, vous n'entendez que des plaintes et
des gémissemens.

» Ainsi, de l'aveu des libéraux eux-mêmes, l'ordre de choses actuel n'offre point de sécurité, et c'est un fait bien démontré que la
France ne croit pas elle-même à la révolution de 1830, comme elle
a cru à la révolution de 1789, jusqu'à ce qu'une expérience terrible
et douloureuse soit venue dissiper ses illusions.

» Aujourd'hui il n'y a plus d'illusion en France, et moins encore en
province qu'à Paris, parce que les provinces ne sont pas, comme
Paris, un foyer d'intrigues.

» Si les sermens prêtés par les libéraux à la légitimité n'avaient pas
été une déception, une comédie, auraient-ils méconnu Henri V qu'ils
ne pouvaient accuser d'avoir enfreint les siens ? S'ils n'avaient pas
été dominés par la haine des principes auxquels ils avaient juré d'être
fidèles, auraient-ils opéré un bouleversement inutile à leur cause et
contraire à leurs intérêts personnels ? Que voulaient-ils ? A quoi ten-
dait leur ambition ? Au pouvoir ? Ils l'auraient eu sous Henri V, et
l'auraient conservé avec une sécurité que ne leur offrira pas la révolution. Que désirent les classes moyennes ? Des ministres de leur
opinion ? Ils les auraient eus aussi sous Henri V. La conservation de
leurs droits électoraux ? Sous Henri V, ils leur étaient assurés. Des
institutions municipales et départementales ? Sous Henri V, ils étaient
sûrs de les obtenir. La prospérité pour le commerce et pour l'indus-
trie ? Henri V était un nouveau gage de la paix européenne, et de
cette sécurité inappréciable qui avait fait leur bonheur, sous la restauration, mais que la révolution a détruit. »

(Extrait de la Gazette de Madrid.)

Excitation à la haine et au mépris du gouvernement du Roi.

Je suis un ancien militaire, retiré au fond d'une campagne tranquille où je n'ai pas eu, pendant 15 ans., d'autre occupation que de cultiver mes champs et mon jardin. J'y avais contracté l'habitude de me croire heureux.

Tout-à-coup notre dernière et glorieuse révolution est arrivée. C'est alors que mon nouveau percepteur a voulu me persuader que nous allions tous obtenir une plus grande somme de bonheur, *somme* ou *masse*, peu importe. Il a soutenu qu'à cet effet, je devais lire les journaux que je ne lisais point auparavant. Il me prête le sien qui s'appelle l'*Auxiliaire* , sans doute parce que ce journal prétend nous aider à devenir plus heureux. Je me suis ensuite secrètement abonné à la GAZETTE DE BRETAGNE, pour m'assurer par moi-même si tout le mal que l'*Auxiliaire* en dit était vrai. Mais ne voilà-t-il pas, Monsieur, que je suis maintenant tout surpris de trouver en moi quelque chose qui sympathise, comme on dit, avec vos doctrines et vos sentimens. Je viens donc, rempli de confiance, vous demander votre avis sur un point qui me tourmente beaucoup.

Après ou avant les roses, j'aime particulièrement les lis. Je tiens à les perpétuer dans mon jardin : voici justement la saison de les replanter. Mais, depuis que les *libérés* , au lieu et place des *libéraux*, gouvernent le gouvernement, ainsi qu'il résulte des discours fort instructifs de MM. Baude, de Schonen, etc., j'ai vu avec effroi que l'on fait aux lis une guerre à mort. Je ne puis détourner mon esprit du spectacle pénible que m'offre un roi de France, ou plutôt un roi des Français (ce qui vaudrait encore mieux), incessamment occupé à faire gratter sur ses voitures et dans ses appartemens, les lis monarchiques qui formaient les armes de ses aïeux , et qui avaient résisté, il y a six mois , au soleil brûlant de juillet.

A cette occasion, Monsieur, permettez-moi de vous demander quelles nouvelles armes vous pensez que prendra notre roi-citoyen? Franchement, des coqs sentiraient bien la basse-cour. Mais j'ai lu que le sceau de l'état portera désormais un livre ouvert. Louis-Philippe I.ᵉʳ , je n'en doute pas, placera le Livre de la loi sur le collet de ses aides-de-camp et sur les basques de ses laquais. Cela fera bien enrager certaines personnes ennemies de tout ce qui rappelle l'antiquité, qui ne proscrivent les lis que parce qu'ils ont appartenu à deux races de nos rois, et peut-être parce qu'ils ont été célébrés par Salomon ; elles auront quelque chose encore de plus antique ; les tables de Moyse.

Mais passons au nouveau testament. Ciel ! j'y trouve d'autres sujets d'inquiétude. M. le Maire de Bordeaux a saisi et séquestré, comme séditieux, le lis que l'ange Gabriel présente à Marie, dans un tableau peint il y a trois siècles. D'ailleurs, la croix elle-même ne peut plus protéger ces malheureuses fleurs dont, au contraire, la destruction n'est souvent qu'un prétexte pour détruire le signe du salut. Enfin, on m'assure que tous les lis des beaux jardins de Neuilly vont être mis à la réforme. Alors, que ferai-je des miens ? Ne pensez-vous pas, Monsieur, qu'au lieu de les confier à la terre, en ce moment critique, je ferais mieux de les conserver pour un temps, je ne dirai pas plus heureux ; car on me trouverait bien exigeant de prétendre à plus de bonheur que nous n'en avons : je ne dirai pas non plus, pour un temps où l'on soit plus libre ; car on me demanderait si je veux donc que l'on me force de l'être, à la manière de cette époque mémorable où l'on criait aux gens : *la liberté ou la mort* ; mais, au moins, pour un temps où les fleurs soient libres à leur tour, et où les lis eux-mêmes puissent croître en paix dans nos jardins, à côté de la violette et de l'impériale.

Provocation à la guerre civile et excitation à la haine et au mépris du gouvernement du Roi.

Dix-huit habitans du canton de Josselin, prévenus que des mandats d'amener avaient été lancés contre eux, s'étaient retirés en divers lieux, pour se soustraire à cette *mesure de précaution*. Dans la nuit de vendredi à samedi, ils se trouvaient réunis au château de Talhouet, habité par des fermiers. Vers dix ou onze heures, une troupe d'environ 200 hommes, composée de soldats de la ligne auxquels s'étaient joints des détachemens des gardes nationales de Pontivy, Josselin et Ploërmel, se présenta devant le château, et frappa violemment à la porte. De l'intérieur on cria : Qui vive ? et la réponse fut : Amis, citoyens. Des *amis citoyens* qui se présentaient en armes, la nuit, et en grand nombre, n'offrant pas toute la sécurité possible, les réfugiés jugèrent prudent de résister à l'agression ; ils firent feu et blessèrent cinq hommes. On dit que, dans cette circonstance, les gardes nationaux avaient fait à la ligne la politesse de lui céder le pas. Quoiqu'il en soit, les assaillans durent riposter, et se préparèrent à forcer l'entrée de la place. Mais ils n'éprouvèrent pas une vive résistance ; les portes s'ouvrirent devant eux, et la petite garnison fit sa retraite en bon ordre et sans être inquiétée.

Les assiégeans occupèrent alors le château et s'y logèrent ou bivouaquèrent dans l'avenue. Le lendemain ils rentrèrent à Josselin conduisant une voiture dans laquelle les cinq blessés avaient été déposés. Un grenadier de la ligne a reçu, dit-on, à l'épaule une blessure très-grave.

Voilà ce qu'on a représenté comme une *déclaration de guerre* de la part des royalistes, et ce qui n'est réellement que la conséquence d'un système adopté depuis long-temps. Poursuivre et vexer les citoyens désignés sous ce nom, pour les forcer à la résistance et leur en faire ensuite un crime, voilà la tactique que l'on paraît vouloir emprunter à notre première révolution. Nous examinerons, dans notre prochain numéro, jusqu'à quel point les citoyens en butte aux rigueurs d'un pouvoir ombrageux, sont obligés de se soumettre aux mesures arbitraires dirigées contre eux.

—M. le procureur du roi (1) ne veut pas que les *visites*, les *fouilles*, faites dans le domicile des citoyens, par des officiers de police *largement* assistés de la force armée, soient qualifiées *investissemens*, *invasions*. Ce ne sont là que des *mesures prescrites par le droit commun*. Vous allez voir que M. le procureur du roi va nous prouver tout-à-l'heure qu'il n'y a que douceurs pour nous dans ces *mesures*, et que nous devons des remercîmens au S.ᵗ-Office de M. Montalivet. Au reste dans cette réclamation, où plutôt dans cette misérable chicane de mots, il y a du vrai. Depuis 15 jours la violation du domicile des citoyens est très-réellement le DROIT COMMUN de la France.

Article tiré de l'Avenir.

Les actes illégaux, les arrestations et même les supplices, tout cela semble tolérable lorsque le pouvoir use de ces hideux moyens, la tête haute, avec franchise et cette sorte de loyauté barbare dont les brigands de la Calabre s'imposent le devoir. L'horreur qu'inspirent de pareils forfaits devient presque du respect ; malgré soi, l'on s'incline devant le génie hautain et inflexible qui se montre également incapable d'arrière-pensée et de miséricorde. Un vice manquait à la Convention, l'hypocrisie, et sa mémoire, dévouée à la haine de nos arrière-neveux, leur arrivera du moins pure de nos mépris.

Mais ce qui est intolérable, ce qu'aucun homme d'honneur ne saurait patiemment endurer, c'est cette tyrannie bâtarde, cette oppression mesquine qui tourmente, qui accable les citoyens, au nom de la liberté elle-même. Les proconsuls de 93 tuaient, les proconsuls de 1831 irritent. Les uns faisaient peur, les autres font pitié. Voilà ce qui distingue les deux époques, et si, à toute force il nous fallait établir entre elles un autre terme de comparaison, nous dirions que les hommes d'état d'aujourd'hui ressemblent aux hommes de la terreur, comme le diable des ombres chinoises au Satan de Milton.

Que signifient ces visites domiciliaires ordonnées par le télégraphe, et qui portent l'inquiétude dans toutes les familles, le désordre dans toutes les relations sociales ? A quoi sont-elles destinées ? dans quel but sont-elles faites ? Hélas ! chacune de ces vexations sert d'excuse à quelque faute du ministère. Un devoir est-il lâchement trahi ? aussitôt votre domicile est violé. On y trouvera peut-être quelque pièce qui expliquera les troubles que l'imprudence de l'administra-

---

(1) Celui de Morlaix, dans une réclamation contre les détails publiés par la GAZETTE DE BRETAGNE, sur une visite faite chez M. le comte de la Fruglays.

tion a provoqués. Si l'on n'y trouve rien, eh bien ! on vous arrêtera.
Mis au secret, vous ne pourrez parler, et puis vous sortirez de prison quand l'émeute aura été apaisée. Cependant la haine du peuple se sera portée sur vous, les crieurs des rues auront vendu, à un sou, l'histoire de la conspiration imaginaire dont vous êtes le chef, et plus tard, si la frénésie de la populace l'emporte sur la sagesse de la garde nationale, vous irez raconter aux filets de Saint-Cloud comment un caprice de bureau vous a conduit à la rivière.

Pensent-ils aux terribles conséquences des mesures que leur arrachent les besoins de chaque instant, ces hommes qui devaient faire de la Charte une vérité, et n'ont encore su en tirer qu'un odieux arbitraire ? Non ; la gloire de savoir ce qu'ils font ne leur appartient même pas ; un machiavélisme qui vit au jour le jour, sans prévision du lendemain, puéril et fantasque, fait toute leur science ; un mois est leur éternité, et pourvu qu'ils trompent la France pendant ce mois, ils se croient habiles, assez habiles pour la gouverner, assez habiles pour s'en jouer. Suivez toute leur conduite depuis qu'ils sont au pouvoir, et vous verrez comment ils s'y sont maintenus, escamotant les emplois, et, comme les charlatans de nos places publiques, fixant sur eux tous les regards, par la rapide succession de leurs supercheries.

Alger venait d'être conquis, et la popularité de la victoire semblait ne pouvoir échapper au vainqueur. Mais il était *écrit* que nous renoncerions à cette colonie où notre commerce eût trouvé un autre Saint-Domingue. Décidé à ce sacrifice anti-national, que fit le ministère ? Il calomnia notre brave armée, déshonora autant qu'il pouvait les déshonorer les officiers qui venaient de se couvrir de gloire, et d'un bout de la France à l'autre, ses rapports mensongers flétrirent les lauriers si récemment cueillis. La honte de l'évacuation se perdit dans la colère qu'inspira le prétendu pillage de la Casauba, et l'opinion publique se consola du naufrage de nos succès, par l'espoir qu'un prompt châtiment atteindrait les coupables. Aucun artifice ne fut négligé pour entretenir cette espérance. Les papiers publics redirent à l'envi l'arrivée des vaisseaux qui portaient à Gênes les millions des dilapidateurs. Enfin se présente au lazaret de Marseille, le fils du conquérant d'Alger, du vengeur de l'Europe chrétienne. La police le guettait au passage ; elle se jette sur sa proie, et fait sa première visite domiciliaire, en violant l'asile du cercueil. Confié à la piété fraternelle par la douleur d'un père, le jeune et vaillant Amédée de Bourmont y reposait froid et glacé. Les agens du pouvoir ne respectèrent point son sommeil ; ils sommèrent la dépouille du brave de se lever en témoignage contre l'auteur d'une vie donnée au pays, et ils s'enfermèrent dans un ignoble silence, quand elle leur eut répondu qu'elle était le seul trésor ravi par sa famille à la terre d'Afrique.

Après un pareil attentat, comment s'étonner de ces perquisitions qui outragent la pudeur et pénètrent dans le secret des plus intimes épanchemens ? Depuis les mystères si purs de l'amour conjugal, jusqu'aux confidences d'un amour qui n'avoue qu'à lui-même sa honteuse existence, que peut-il y avoir de sacré pour les chercheurs de complots qui s'en vont de secrétaire en secrétaire, de portefeuille en portefeuille, fouillant et lisant commes les familiers d'un autre inquisition ? Jetés au loin par l'éruption de juillet, les avocats sans cause du barreau de Paris sont retombés dans les parquets de province, et ils gagnent leurs honoraires, ou amusent leurs loisirs, par des recherches dont l'activité répand l'alarme, et l'inutilité la méfiance. Curieux plutôt qu'inquiets, ils pénètrent partout où la fatigue d'une enquête peut être compensée par le plaisir d'un scandale, et puis ces confesseurs de la police se délassent de leurs stériles travaux, en faisant circuler au loin les secrets surpris à la famille.

Excitation à la haine et au mépris du gouvernement du roi.

Un grand nombre de Maires et anciens fonctionnaires se plaignent de l'almanach de 1831, qui a maintenu leurs noms pour les places qu'ils occupaient jadis. Ils craignent que les personnes qui les connaissent peu ne se méprennent sur leurs sentimens ou leur conduite depuis la révolution. Quelques-uns s'en plaignent comme d'une diffamation ; ils ont tort, il n'y a qu'erreur.

Provocation à la guerre civile et attaque contre les droits que le roi tient du vœu de la nation française.

Tout le monde sait avec quelle intrépide constance les catholiques écossais conservèrent leur dévouement à la race infortunée des Stuarts. Citoyens inoffensifs et paisibles, malgré leur aversion pour l'usurpateur, ils devinrent guerriers indomptables, lorsqu'ils furent inquiétés dans leur religion et dans leur liberté. Pendant long-temps, les clans de l'Ouest firent trembler le reste du royaume, ils s'emparèrent même de la capitale, sous la conduite d'un prince légitime. *A bon entendeur, salut !*

Attaque contre les droits que le roi tient du vœu de la nation française.

On répète en tous lieux que la capitale veut la république et la province *on ri.*

Attaque contre les droits que le Roi tient du vœu de la nation française.

Lorsque la France connut l'assassinat du duc de Berry, elle n'éprouva pas seulement cette douleur publique, immense, ces regrets universels que causent la perte d'un excellent prince; elle fut pénétrée d'un sentiment d'horreur inexprimable , parce qu'elle embrassa à l'instant , dans cet événement affreux , et l'événement en lui-même , et la cause qui l'avait produit. Elle pleura sur la victime, elle frémit de la profession de foi de l'assassin. Le crime ne fut plus isolé dès qu'on fut obligé de le rattacher aux doctrines avouées par celui qui l'avait commis. Une infortune particulière devint un danger général , et les inquiétudes sur l'avenir se mêlèrent à la douleur présente. Quelle sécurité pouvait rester à la patrie désolée, lorsque derrière un infâme et obscur meurtrier , on voyait rester debout ces mêmes théories d'athéisme et de dissolution sociale., qui, en frappant un fils de nos rois, semblaient s'être jouées dans un simple essai, et n'avoir donné que le signal d'autres attentats ?

L'expérience nous a démontré si la France avait été trompée par ses pressentimens, lorsqu'à cette horrible catastrophe elle attesta, par un long cri d'effroi, qu'elle avait reconnu la révolution. Pouvait-on la méconnaître cette infernale déité qui n'enfante que des monstres, qui ne produit que la mort !.........

Oui, ce sont les vœux d'un parti, ce sont ses doctrines, ses provocations, ses manœuvres, ses trames qui ont assassiné le duc de Berri........

Maintenant que la révolution a vaincu une dernière fois, qu'elle jouisse à son gré de tous ses triomphes ! Déjà le monument expiatoire élevé pour éterniser l'horreur du crime , s'est changé pour elle en monument de gloire. Qu'elle célèbre donc sa victoire, en ces lieux signalés tant de fois par ses fureurs et ses orgies ! La place du 21 janvier est là pour servir de théâtre à ses fêtes, à ses joyeux anniversaires. Le 13 février figurera dignement dans ses fastes, car l'attentat de Louvel est à la hauteur de ses œuvres.........

Dignes patriotes, qui, le mois dernier, à l'époque du jour de funeste mémoire, aviez tant de fleurs pour la tombe des régicides, tant d'éloquence pour louer des forfaits, tant d'empressement à fêter le courage et la gloire des assassins, en manqueriez-vous aujourd'hui pour un de vos plus ardens coryphées ? n'offrirez-vous pas des couronnes à celui qui, pour vous, n'est qu'un héros de plus ? n'aurez-vous pas une apothéose nouvelle pour immortaliser un nouveau martyr du régicide ? le calendrier révolutionnaire serait-il si plein qu'on ne pût y trouver place pour un crime de plus ?

Non, vous ne sauriez aujourd'hui rester muets pour Louvel, car vous ne pouvez renier ses titres à votre admiration ! Manqua-t-il de scélératesse, celui qui trois ans épia sa victime pour l'égorger? était-il ami de nos rois celui qui voulait épuiser jusqu'à la dernière goutte de leur sang? ne croyait-il point à la souveraineté du peuple, celui qui exerçait si bien ses privilèges ? Oui, Louvel est en tout point, digne de votre révolution , et la révolution est digne de Louvel.

Vous tous, prédicateurs du crime et du parjure, qu'attendez-vous?

Le moment est venu de parcourir les quais, d'inonder la place de Grève, pour réhabiliter une mémoire qui doit vous être chère ; pour honorer une victime de la tyrannie. Allez en foule recueillir les cendres du régicide-martyr ; ne soyez pas ingrats envers celui qui a tant fait pour vous ; le Panthéon est rouvert pour vos héros. Puisqu'à votre gré il est beau, il est juste de briser le sceptre des rois et d'abattre leur puissance, au nom de la liberté, combien n'est-il pas plus beau et surtout plus expéditif de les immoler au nom de l'athéisme et de la souveraineté du peuple ! Ainsi l'œuvre de Louvel a dépassé vos œuvres, et cependant Louvel fut votre ouvrage, et le 13 février vous appartient tout entier. Il est à vous comme le 21 janvier et le 16 octobre ; il est à vous comme le 10 août et le 2 septembre ; il est à vous comme les journées de juillet et de décembre. Voilà votre gloire, et elle ne vous sera pas contestée.

Exaltez donc celui qui fut grand par vous, pour vous et sans vous ; celui dont l'âme était si fortement trempée pour le crime qu'à peine si, à vous tous, vous pouvez nous offrir sa monnaie. Que vos accens s'exhalent sans contrainte ; aujourd'hui il est permis, que dis-je, il est avantageux, il est flatteur d'admirer les régicides, et l'on ne saurait même les louer, sans que dans cet éloge il n'entre un petit grain d'encens. S'il y avait en ce moment du danger à en parler, ce serait sans doute pour celui qui oserait dire que tous les régicides sans exception étaient d'infâmes scélérats.

Mais si chacun peut disposer à son gré de son honneur et de ses vœux, on trouvera bon que les miens soient tous pour le fils de l'assasssiné. Sa naissance miraculeuse fut une des joies de ma vie, fut une consolation pour la France ; et mon cœur s'est soulevé de dégoût et d'indignation, lorsque j'ai entendu sous les fenêtres et dans les cours de son oncle, des voix impures vomir, sur la légitimité de l'auguste enfant, d'ignobles impostures qui ont même trouvé un écho à la tribune publique. Toutefois l'opinion en a fait justice, et la révolution n'a hérité qu'à moitié de celui qu'elle avait assassiné.

Royalistes, après avoir donné une larme à la mémoire du père, payons au fils un tribut d'amour. Amis des lois, nous savons les respecter, et nous connaissons leurs limites. Il n'en saurait exister pour forcer nos consciences, comme il n'est aucun pouvoir qui osât prétendre nous arracher nos sentimens : vivifiés, exaltés par de touchantes infortunes, ces sentimens légitimes autant qu'honorables, se porteront toujours avec espérance et respect, vers l'enfant du miracle, qui naquit, aux applaudissemens de la France, pour le bonheur de la patrie.   SAINT-PRIEST.

Excitation à la haine et au mépris du gouvernement du Roi.

L'Ouest. — L'attitude des départemens de l'Ouest, pendant les six premiers mois qui ont suivi la révolution de juillet, eût été un beau sujet de méditation pour un gouvernement observateur et paternel.

L'habitant de ces contrées, surpris par la chute du trône, comme le paysan de la vallée par l'écroulement de la montagne, tourna des regards étonnés, mais non abattus, vers le lieu de la catastrophe. Quoique éloigné, il suivit, pas à pas, si l'on peut le dire, le *deuil* de la *monarchie vivante*, et du moment ou les flots l'eurent emportée sur un autre rivage, il ne foula plus qu'avec indifférence le sol qu'il aimait auparavant.

Cependant il ne murmurait point; il ne maudissait point; seulement vers le soir, il prenait volontiers le chemin de la croix solitaire, roulant plus dévotement que de coutume, entre ses doigts, les grains à demi usés du chapelet de son aïeul. On le voyait aussi plus souvent qu'à l'ordinaire accuser ses fautes aux pieds de son pasteur : c'était là sa conspiration.

Tandis que d'autres Français exploitaient la liberté, au profit de la licence, que trente départemens refusaient à l'état *son pain de chaque jour*, que le pillage organisé dans les villes forçait une autorité souvent impuissante a déployer dans la paix les rigueurs de la guerre, lui, fidèle observateur d'une religion qui ordonne de *rendre à César ce qui appartient à César*, s'empressait d'aller verser dans la caisse du monarque le tribut, en échange duquel le gouvernement s'engage à assurer aux citoyens protection et justice. Ce n'est pas tout : en butte aux railleries amères d'une minorité impie et turbulente, lui qui n'avait point oublié la manière de vaincre ses ennemis, semblait avoir perdu le sentiment de sa force.

Un matin, le signe qui lui rappelle la mort terrible d'une partie de sa famille, vient de nouveau projeter son reflet sinistre sur sa chaumière. Il presse alors contre son cœur sa femme et ses enfans; il leur dit d'avoir confiance en Dieu et en Saint Michel; il se rend tranquillement ensuite à son dur labeur, et si des agens avaient été apostés pour écouter ses discours et épier ses traits, ils n'auraient découvert dans sa physionomie et dans ses paroles rien qui *fût digne de dénonciation.*

Mais lorsqu'il a su (car les tristes nouvelles vont vite), le abominations de la capitale et d'une partie des provinces; lorsqu'il n'a pu douter que le gouvernement, se traînant *à la suite des profanateurs, abattait ce que leurs mains sacriléges avaient oublié.* Lorsqu'on lui a raconté que la désolation régnait dans le sanctuaire et que les jeunes Lévites, chassés comme de vils troupeaux, erraient dans les campagnes, sans savoir ou reposer leurs têtes; lorsqu'enfin le dernier symbole de son espérance a été mutilé, sous ses propres yeux, sur la tombe chérie;

Alors, seulement alors, une grande altération s'est fait remarquer dans ses traits. Des larmes rares, mais brûlantes, ont sillonné son visage. Il a fortement croisé les bras sur sa poitrine, comme pour comprimer une imprécation ; ses pas se sont dirigés avec vitesse vers sa demeure dont la porte s'est refermée avec fracas, et l'on a entendu au-dedans un murmure sourd, comme celui d'un volcan prêt à éclater !......

D. L.

PROCÈS

DE LA

GAZETTE DE BRETAGNE.

COUR D'ASSISES D'ILLE-ET-VILAINE.

Président : M. Robinot-Saint Cyr; *Avocat-général* : M. Le Tourneux; *Avocats* : MM. Fontaine et Guibourg.

Séance du 23 mai.

Jamais peut-être solemnité judiciaire n'avait réuni un auditoire plus nombreux que celui qui remplissait, dès le matin, l'enceinte et les tribunes de la grand-salle du Palais. On y remarquait beaucoup de dames qu'avaient attirées la réputation des défenseurs, non moins que l'in térêt qu'elles portaient à la cause.

Un des principaux chefs d'accusation, quoique, à l'au dience, il ait été abandonné par le ministère public, était basé sur l'article de l'*Avenir*, que nous venons de faire connaître : article plein de verve et d'énergie, respirant une noble indignation, et qui, à cause de l'impression qu'il pouvait produire, avait tellement effrayé le pouvoir, que tous les exemplaires du numéro où nous l'avions in séré, avaient été saisis, à l'imprimerie et à la poste. De tous les points de la Bretagne, les hommes les plus hono rables qui avaient subi des visites domiciliaires, aussi vexatoires qu'illégales (1), s'étaient empressés de venir appuyer, de leur imposant témoignage, la censure éner gique que nous avions faite des actes du gouvernement : mais la Cour décida, malgré les efforts de MM. Fontaine

---

(1) Nous avions assigné, entre autres témoins, MM. le comte de la Fruglays, de la Haichois, de Mauduit, le chevalier de Sécillon, Hersart de la Villemarqué, M.mes veuve le Ray et de Trépézec, M. Desprès de Saint-Thual, M. Hyppolitte du Noday, les sieurs Joube ot Josse, habitans de Josselin.

et Guibourg, que les témoins ne seraient pas entendus. Après la lecture des arrêts de mise en prévention , le ministère public essaya de justifier les poursuites . et se livra à de vives accusations, tant contre l'ancien gouvernement, que contre l'esprit, ou la *tendance* de la GAZETTE DE BRETAGNE.

A la suite de cette plaidoirie , M.ᶜ Fontaine prit la parole. Un profond silence s'établit , et la voix sonore de l'orateur pénétra jusqu'au fond de la salle.

MESSIEURS,

Un jour des flatteurs , comme il s'en rencontre tant auprès des puissans , pressaient Cromwel de punir avec sévérité , des écrits publiés contre son gouvernement et contre lui-même : « Que me font, répondit-il , en souriant , des boulettes de papier ? »

Plus tard , à une époque qui offre tant de ressemblance avec la nôtre , après la seconde chûte des Stuarts , les opinions de l'Angleterre étaient violentes et déchaînées ; la guerre civile déchirait le sein du pays, les jacobites avaient conquis l'Ecosse , le prétendant s'était avancé en armes jusqu'aux portes de Londres qu'il avait failli surprendre. Toutefois, au milieu de ces dangers et pendant tout le règne si agité de Guillaume, il n'y eût pas une seule poursuite contre les écrivains.

D'où venait la longanimité de ces deux grands usurpateurs ? Du sentiment de leur force , et de leur profonde habileté. Ils savaient qu'un pouvoir nouveau , sorti subitement du choc des passions et des partis , est condamné à avoir contre lni beaucoup d'inimitiés ; qu'il doit laisser beaucoup dire , pour empêcher de beaucoup faire , user la violence des haines par la liberté des paroles ; enfin, leur génie leur avait révélé que c'est une laborieuse entreprise de renverser un trône légitime , et que celui qui tremble devant un pamphlet , s'est trompé de vocation , s'il a cru que la providence l'avait appelé à accomplir une grande révolution politique.

Messieurs, ces hauts enseignemens de l'histoire et les débris de la monarchie qui n'est plus, n'ont rien appris sur les procès de la presse, aux génies qui , depuis huit mois , président à nos destinées. A peine étaient-ils au pouvoir, qu'ils ont ouvert la lice des réquisitoires et des condamnations.

Le procès politique semble être leur grand moyen de gouverner, et leur élément de prédilection. On dirait, en vérité, que les hommes de notre robe qui ont figuré, en si grand nombre, dans la révolution de juillet, lui ont soufflé je ne sais quelle humeur litigieuse et processive. Comme ce personnage dont le ridicule a été immortalisé par le poète, l'audience lui plaît par dessus tout :

« .... Il lui faut des arrêts. »

Je ne sais plus quel ancien ministre se vantait autrefois d'avoir sorti la couronne du greffe; quant aux nôtres, ils l'y ont replacée.

Tout cela, messieurs, est bien petit et bien mesquin, pour la grandeur des conjonctures où se trouve la patrie.

Aussi, qu'est-il advenu? C'est que le bon sens public et la hauteur naturelle du caractère français s'en sont offensés. Une étonnante réaction judiciaire s'est opérée depuis deux mois : vous savez tous les acquittemens ; grande leçon donnée au pouvoir par le Jury de la capitale. Vous aussi, messieurs, au nom des provinces, vous lui apprendrez qu'il est absurde autant qu'impolitique, qu'une révolution sortie du fond d'une imprimerie, se fasse la persécutrice de la presse.

Messieurs, inconnu à votre pays, des amis, des anciens compagnons m'ont prié de les défendre; j'ai dû répondre à leur appel : l'amitié est une puissance si légitime qu'il faut toujours lui obéir. Je suis venu avec empressement plaider une cause de liberté, sur cette terre de vieilles franchises; je voulais saluer le pays de tant de glorieux souvenirs et de célébrités contemporaines. Messieurs, et moi aussi, j'ai dit avec un de nos anciens Rois, l'ami de votre Duguesclin : « C'est une brave et loyale nation que » la bretonne, et si c'était à refaire je voudrais qu'elle fût » la mienne. »

Le ministère public a divisé son réquisitoire en deux parties ; dans la dernière et la plus courte, il a vraiment discuté le procès; la première était une préface destinée à donner des satisfactions à des opinions ennemies. L'existence toute entière de la GAZETTE DE BRETAGNE a été recherchée; on l'a déroulée devant vous comme celle des malfaiteurs, qu'on essaie de faire condamner sur leur moralité, empêché qu'on est de prouver clairement leur crime. Messieurs, cette manière d'accuser un journal par son esprit, c'est en réalité la loi de tendance, morte pourtant, aux clameurs de ceux qui la ressuscitent indirectement aujourd'hui. Flétrir d'abord, pour mieux arriver ensuite à une condamnation, c'est encore faire comme ces tyrans, qui profanaient la victime, avant de l'envoyer au supplice.

L'origine de la Gazette de Bretagne est assez pure, pour que je ne craigne pas d'en parler, puisqu'on m'y contraint. Non, elle n'a pas reçu la vie au sein de l'esprit de parti et du besoin de guerre civile; cette inculpation, je ne la comprends même pas, car les hommes qui la rédigent risquent, je crois, une mise plus forte au jeu des révolutions, que ceux qui se font leurs accusateurs. Ce journal est né d'une pensée patriotique et généreuse, du désir de défendre les libertés publiques, au profit de ce qu'on appelle les vaincus, et de réclamer pour eux, en s'y soumettant, la pleine exécution des lois. Je ne cache pas le but principal de ses auteurs; il n'a rien que des âmes nobles ne doivent applaudir. Aux violations de la loi, se dirent-ils, nous opposerons chaque jour la puissance de la raison : les vexations, les abus et la persécution seront poursuivis sans relâche; nous leur imposerons le frein et le châtiment de la publicité : nous serons plus opiniâtres que nos adversaires; il faudra qu'ils nous cèdent ; car en France, le cri des victimes peut bien être un moment étouffé par les passions, mais il finit toujours par être le plus puissant.

Voilà, Messieurs, le manifeste et le but de la Gazette de Bretagne; si ses rédacteurs, jeunes hommes au cœur généreux, en eussent connu un plus beau, ils l'auraient choisi.

Il est très-vrai, comme l'a dit M. l'avocat-général, que les collaborateurs de la Gazette de Bretagne sont, pour la plupart, des magistrats qui ont refusé serment au gouvernement actuel. Ils se sont dit, comme autrefois le disait à son fils, en semblable occurence, la mère d'un président au parlement de Paris : « Mon fils, laisse ta robe à la cour, et rapporte ton honneur à la maison. » Comment le ministère public n'a-t-il pas senti qu'une si noble démarche, signalée par lui, ruinait tout ce qu'il a pu dire sur les intentions odieuses et perverses du journal. Depuis quand la vertu pousse-t-elle au crime ? Messieurs, refuser des sermens est un peu plus difficile que d'en faire. Il faut bien qu'accepter de hautes fonctions soit moins pénible que de s'en démettre, puisque pour l'un il y a foule et que pour l'autre c'est le petit nombre. Estime, sans doute, à ces magistrats qui sans calcul d'intérêt personnel, dans une seule vue de bien public, et croyant qu'ils peuvent encore être utiles au pays, se résignent à garder leurs charges sous un pouvoir autre que celui qui avait reçu leur foi ! Mais honneur, respect avant tout, à ces âmes austères qui ne négocient jamais avec la circonstance, et savent porter dans la retraite leur inflexible vertu ! cette réponse sera la seule que je ferai aux inculpations du ministère public ; toute autre serait sans dignité : il y a des caractères qui cautionnent suffisamment les personnes.

On s'est plaint ensuite avec amertume des vives et habituelles attaques de la Gazette, contre les agens de l'autorité. Cela peut être vrai ; la question serait de savoir si le blâme est immérité : mais je ne m'arrête pas à ce grief ; car c'était un droit que de censurer ; l'art. 4 de la loi du 17 mai 1819 n'a pas été fait à d'autres fins : mais ce que je dis, c'est qu'il est des choses que la Gazette n'a jamais attaquées ; c'est le malheur , et un un accusé qui n'est pas jugé ! Vous pourtant, vous venez de le faire ; de votre bouche sont tombées de ces paroles cruelles, qui font condamner provisoirement par l'opinion, et désignent les victimes à la peine, sans attendre l'arrêt. Ah ! si avec des intentions droites et pures (et je vous les suppose), on peut tomber dans de pareils écarts , comment ose-t-on être si sévère, pour apprécier soi-même les intentions des autres ? Ni M. de Genouillac, ni M. Dulaz ne me sont connus ; tout ce que je sais d'eux c'est que, tant qu'ils ne sont pas jugés, ils sont innocens aux yeux de la loi, et qu'ils doivent l'être pour ses organes. On les accuse de complots : tant mieux ; plutôt ce crime qu'un autre , car le gouvernement n'est pas heureux en ces matières. Il vous souvient, Messieurs, comment finirent les grandes conspirations du valet-de-chambre d'une princesse, des écoliers républicains , et de l'élève de Saint-Cyr.

Conclusion et morale : Ne descendons pas dans les consciences ; c'est là un asile où les *visites* sont encore plus illégales qu'ailleurs.

J'arrive aux numéros incriminés :

Le premier délit de la Gazette , est une citation qu'elle a faite d'un article d'un journal de Madrid contenant un parallèle de l'état présumé de la France sous Henri V, s'il eût gouverné, aidé d'une régence, avec celui où nous a mis le gouvernement qui le remplace. On y parle du bonheur que nous aurions et de celui que nous n'avons pas , de la prospérité probable de la France et de sa position actuelle; il n'y aurait pas eu tant d'impôts , une si belle mais si ruineuse armée; le petit *pied de paix* n'aurait pas coûté si cher; nous ne jouirions pas d'un budget de 1600 millions; notre commerce n'aurait pas été tué par la banqueroute..... Que sais-je! une foule de belles choses que l'imagination rétroactive de l'écrivain, apperçoit dans cette hypothèse qui ne s'est pas réalisée. Ainsi on ne voit dans l'article qu'un retour et un regret sur une chance évanouie; ce sont des réflexions sur une combinaison politique dont on a manqué, au mois de juillet, les avantages; enfin c'est en petit ce qu'a dit M. de Châteaubriant dans un beau passage de sa dernière brochure. Et encore remarquez combien l'illustre écrivain a été plus fort que la Gazette ; il a lancé du haut de son génie en forme d'épigramme, un anathème, qui résume d'une manière sanglante son opinion sur le pouvoir actuel ; ne l'a-t-il pas appelé gouvernement *à tête de roi, à queue de peuple?* Cherchez dans notre citation : elle est loin d'être si méchante.

Au surplus, il faut dire le secret et les aventures bizarres de cette citation, avant qu'elle eût le malheur de tomber dans les serres de la poursuite. Le 3o janvier , la *Gazette de France* , imprime le passage dans un article composé par elle; son numéro va, à ce qu'il paraît, en Espagne; la *Gazette de Madrid* s'en empare par un petit larcin assez fréquent; elle le traduit et le donne comme sien; de Madrid, il revient avec son costume espagnol à Paris. La *Quotidienne* du 5 mars le traduit, et lui donne l'hospitalité à son tour; mais en feuille probe et honnête, elle dit qu'il vient de la *Gazette de Madrid*; puis enfin, de la *Quotidienne* il arrive en Bretagne, où l'on a mis comme vous le voyez une triste fin à ses voyages : voilà Messieurs les aventures merveilleuses de ce coupable parallèle. Je tiens à la main toutes les feuilles qui l'attestent; ainsi il est venu trois fois à Paris , avant d'être appréhendé ici; il a sans être inquiété par personne, circulé publiquement devant la police et le ministère public de la capitale, qui a pourtant, comme vous savez, l'œil assez bien ouvert sur les journaux.

Une si longue impunité devait rassurer la Gazette de

Bretagne, et le lui faire accueillir sans crainte ; vous ne l'a
traiterez donc pas comme on traite maintenant, autour
de vous, les recceleurs de *réfractaires*.

Ainsi pas de délit d'attaque aux droits du roi ; pas d'excitation à la haine et au mépris du gouvernement.

2.me Grief. — Article du 5 mars.

PETITE SATYRE TRÈS-GAIE ET TRÈS-PIQUANTE, SUR UN ACTE BIEN
PAUVRE ET BIEN RIDICULE DU GOUVERNEMENT. (Campagne
du mois de février dernier, contre les lys.)

Un vieux militaire, revenu de cent combats, s'est fait
homme des champs ; il aime les fleurs avec passion, il les
cultive, de cette main qui gagnait des batailles ; dans son
parterre se trouvent des lys en assez grand nombre : partagé
entre ses goûts champêtres et la crainte d'être séditieux ,
il écrit au rédacteur de la Gazette de Bretagne, pour le
consulter sur ce qu'il doit faire de cette fleur proscrite.
Sa lettre est semée, çà et là, de spirituelles épigrammes ;
on rit, je l'avoue, mais de ce rire léger, et de bon ton,
fait pour désarmer les plus irritables susceptibilités. D'ailleurs le ridicule ne sort-il pas des contrastes et de l'oppo-
sition d'un grand moyen avec un petit effet. Eh bien ,
en conscience, qui retiendrait, qui a retenu sa critique,
au récit journalier du bulletin de la campagne du gouvernement contre les fleurs de lys? ce ne sont assurément pas
nos députés ; lisez plutôt ce qu'ont dit à ce sujet MM. Sal-
vandy, Kératry, Mauguin. Ici, on les gratte jusque sur
le vieux manteau de pierre de Clovis et de Dagobert. Chez
vous, on les a poursuivies sur les boutons du haut-de-chausses
du paysan breton. En même tems, à Montpellier, on saisi-
sait administrativement , comme séditieux , ce célèbre
chou carliste, aux feuilles blanches bordées de vert, que
la nature, par hasard, avait fait naître chez un pauvre jar-
dinier. Ces choses là, peuvent être faites avec des intentions
fort populaires ; elles peuvent même avoir leur côté sublime, je n'en disconviens pas ; mais malheureusement le
ridicule est fort près, et voilà le fâcheux ; n'est-il pas vrai ,
aussi, Messieurs, que, quand on a commencé par Valmy et
Jemmapes, il n'est peut-être pas tout-à-fait assez digne de
terminer par une petite guerre contre des fleurs , des légu-
mes, des armoiries de famille ; et encore pour plaire à qui
faisait-on cette concession ? J'ai honte de le dire ; M. de Schonen , ce député si patriote, nous assure que, dans les trou-

2.

bles de février, il n'y avait que des échappés des bagnes.

Messieurs, le gouvernement au lieu de faire poursuivre l'article de la GAZETTE DE BRETAGNE n'aurait été que juste, s'il eût eût ri, et plus juste encore s'il eût ri de lui-même ; ce courroux du ministère public me semble tout-à-fait inexplicable.

3.ᵐᵉ GRIEF

Il s'agit de la déplorable affaire du château de Talhouet ; ce n'est pas un fait qui est accusé, c'est une doctrine sur le droit de résistance à la force armée, en cas d'attaque illégale. Vingt-deux individus contre lesquels on avait lancé des mandats d'amener, se trouvaient, dit-on, dans la nuit du 22 février, au château de Talhouet, près Josselin. Arrive, sans mandat de personne, sur les dix heures du soir, une troupe composée de gardes nationaux et de soldats de ligne ; ils veulent pénétrer dans le manoir, pour s'emparer des individus ; ceux-ci, sur le point d'être pris, font une décharge qui blesse plusieurs des assaillans, et profitent du trouble ; ils ne soutiennent pas un siége et se hâtent de prendre la fuite. Grand bruit de cet incident dans plusieurs journaux ; appel des dernières rigueurs sur la Vendée toute entière ; on présente ce fait isolé, comme une *véritable déclaration de guerre* des populations de l'Ouest ! La GAZETTE DE BRETAGNE, choquée de ces exagérations qui pouvaient tromper l'autorité, l'entraîner dans des mesures d'une inutile énergie, et la porter à redoubler encore les vexations si intolérables qui pesaient déjà sur le pays, présente une question de droit, sans examiner, et encore moins approuver les blessures faites ; elle dit que la force armée avait eu tort d'enfreindre la loi, que si elle fût restée dans les limites de ses devoirs, ce qu'elle a souffert ne serait pas arrivé. Or, Messieurs, la doctrine de la GAZETTE ne peut pas être contestée. Si M. l'avocat-général s'était souvenu de la constitution de l'an III (1), de l'article 131 de la loi de germinal an VI (2), de l'art. 2 du décret de

---

(1) La maison de chaque citoyen est un asile inviolable : pendant la nuit, nul n'a le droit d'y entrer que dans le cas d'incendie, d'inondation ou de réclamation venant de l'intérieur de la maison. Aucune visite domiciliaire ne peut avoir lieu qu'en vertu d'une loi, et pour la personne ou l'objet expressément désigné dans l'acte qui ordonne la visite. (*Art. 359 t. 14 const. du 5 fructidor an 3.*)

(2) La maison de chaque citoyen étant un asile inviolable pen-

1806 (1) et de l'art. 184 de l'ordonnance de 1820 (2), relatifs à la gendarmerie et à l'emploi de la force publique, il aurait vu que, même contre les malfaiteurs, et pour les saisir, il est défendu d'entrer *de nuit* dans la maison qui leur sert de refuge. Tout ce qu'on a le droit de faire, c'est d'investir l'asile et d'attendre patiemment le jour.

En résumé, il y avait attaque irrégulière. La GAZETTE n'a pas dit autre chose, et pour la trouver coupable de provocation à la rébellion, il faudrait anéantir une loi, un décret et une ordonnance encore en vigueur.

Nous voici venu au fameux article sur *les visites* domici-

---

dant la nuit, la gendarmerie nationale ne pourra y entrer que dans les cas d'incendie, d'inondation, ou de réclamation venant de l'intérieur de la maison. Elle pourra, pendant le jour, dans les cas et formes prévus par les lois, exécuter les ordres des autorités constituées.

Elle ne pourra faire aucune visite, dans la maison d'un citoyen où elle soupçonnerait qu'un coupable s'est réfugié, sans un mandat spécial de perquisition, décerné soit par le directeur du jury, dans le cas où il instruit comme officier de police judiciaire, soit par l'agent ou l'adjoint municipal faisant les fonctions de commissaire de police ; mais elle pourra l'investir, la garder à vue, en attendant l'expédition du mandat.

(Loi de Germinal an 6, art. 131.)

(1) Quand il s'agira de recherches à faire dans les maisons de particuliers prévenus de recéler des conscrits ou déserteurs, le mandat spécial de perquisition prescrit par le même article 131 de la loi du 28 germinal an 6 pourra être suppléé par l'assistance du maire ou de son adjoint, ou du commisssaire de police.

(Art. 2 du décret de 1806.)

(2) La maison de chaque citoyen est un asile ou la gendarmerie ne peut pénétrer, sans se rendre coupable d'abus de pouvoir, sauf les cas déterminés ci-après :

1.° Pendant le jour, elle peut y entrer pour un objet formellement exprimé par une loi, ou en vertu d'un mandat spécial de perquisition ; décerné par l'autorité compétente, 2.° pendant la nuit, elle ne peut y pénétrer que dans les cas d'incendie, d'inondation, ou de réclamation venant de l'intérieur de la maison. Dans tous les autres cas, elle doit prendre seulement, jusqu'à ce que le jour ait paru, les mesures indiquées à l'article 185.

Le temps de nuit est ainsi réglé :

Du 1.er octobre au 31 mars, depuis six heures du soir jusqu'à six heures du matin.

Du 1.er avril au 30 septembre, depuis neuf du soir jusqu'à quatre heures du matin.

liaires ; il est tiré de l'*Avenir*. Jamais l'énergie de l'expression n'a mieux repondu à l'indignation de l'ame ; si cet article est coupable, ce n'est pas par manquer d'éloquence. L'arbitraire ne fût jamais peint sous des couleurs plus sombres et pourtant plus vraies. Il faut le dire, le sujet aussi était inspirateur ; qui donc n'a pas senti son courroux s'enflammer au récit des actes de cette brutale inquisition, fille de la *loi des suspects*, et du jeune ministre qui s'est associé à l'horrible mémoire de cette loi, et à son effrayante immortalité. Oh! si, chez nos voisins, quelque membre du cabinet eût osé décréter une mesure semblable, on n'eut pas vu, comme chez nous, la tribune nationale retentir seulement de quatre voix généreuses ; un bill d'accusation unanime eût été porté ! le dernier bourg de la vieille Angleterre aurait fait sa protestation! Les anglais ont un tel respect pour le domicile, que deux de leur plus grands hommes l'ont nommé une forteresse, pour exprimer qu'il est impénétrable, et un temple, pour peindre sa sainteté ; un de leurs poètes a dit aussi :

> Les vents peuvent l'ouvrir, la foudre y peut entrer ;
> Mais les ordres d'un roi n'y sauraient pénétrer !

Messieurs, on est digne de la liberté, quand de telles maximes sont devenues le droit national.

Ce que je soutiens ici, Messieurs, c'est que pas une des visites domiciliaires ordonnées par le télégraphe n'a été légale. La question ainsi agrandie me dispensera d'entrer dans des détails particuliers. C'est la proscription en masse de toutes les visites que je veux vous faire décider.

La *déclaration des droits de l'homme*, autorité respectable sans doute, pour le pouvoir actuel, la constitution de l'an III, celle de l'an VIII, une foule de lois et de décrets particuliers, enfin le code d'instruction criminelle, déclarent le domicile inviolable, ne permettent pas les perquisitions de domicile, à moins qu'on ne soit prévenu d'un délit ou d'un crime spécial et particulier. Quelque hostiles que soient vos opinions, elles ne donnent pas le droit au pouvoir d'aller les rechercher jusqu'au foyer domestique. L'homme fait assez de sacrifices à la société; s'il lui immole en public l'indépendance de ses opinions, il faut qu'il ait, par intervalle et quelque part, un lieu de sûreté où son intelligence et sa raison puissent épancher, sans contrainte, ses sentimens et ses pensées ; ce lieu de franchise et d'indépendance nécessaires, Messieurs, c'est le domicile, où l'homme, séparé, pour ainsi dire, de la société et de ses servitudes, retrouve passagèrement par ses opinions, cette liberté absolue de l'état de nature. Ailleurs, je dois être citoyen soumis à la loi existante, et me taire sur le gouvernement, s'il me déplaît; ici, les systèmes, les partis, les doctrines, tout peut s'exhaler en paix : carliste, n'importe, c'est mon droit; républicain, napoléoniste, n'importe, c'est mon droit encore..... Ainsi, sous le seul prétexte de l'opinion, briser les portes du domicile, c'est un des plus grands attentats contre l'homme, c'est fouler aux pieds la liberté individuelle, la liberté d'opinion, et violer enfin deux articles sacrés du pacte fondamental. Eh bien ! maintenant, où les visites domiciliaires ont-elles pris leur source ? De quoi sont coupables ou prévenus ceux qui les ont subies ! Comment le saint office les a-t-il désignés à ses familiers? le voici, Messieurs, le *Moniteur* va vous le dire.

Le 19 février 1831, un ministère machiavélique s'emparant d'un prétexte qu'il guettait depuis long-tems, pour pénétrer chez ceux qu'il croyait peu ses amis, monte à la tribune de la chambre des députés, dans la personne de M. de Montalivet, et là, il prononce ces paroles qui déposeront éternellement contre lui;

« Dès le 15, douze dépêches télégraphiques ont été » expédiées sur les divers points du royaume, pour or- » donner des perquisitions *chez les partisans déclarés de la* » *dynastie déchue.* »

L'entendez-vous ? est-ce à un délit qu'on s'adresse, ou à une opinion ? cela est-il clair ? et la violation de la loi et de la liberté d'opinion, est-elle assez flagrante ? Voilà, Messieurs, l'origine de ces fouilles odieuses, qui, depuis tant de mois, épouvantent vos contrées. L'exécution, vous ne le savez que trop, fut digne de l'ordre donné; c'est l'habitude, que la violence marche à la suite de l'illégalité ; que de milliers de faits je pourrais citer ! mais la notoriété publique vous en a chargé la mémoire, et ils sont si coupables que qui les a ouïs une fois, ne peut plus les oublier. Aujourd'hui, le ministère public nous a refusé de faire entendre quelques-unes des victimes ; il a parlé du scandale de ces dépositions. Ah ! le scandale n'est pas dans les plaintes, il est dans les excès qui crient et qu'on ne venge pas. (1) Messieurs, il est dans cette enceinte, celui qui a

---

(1) Voyez les pièces insérées à la fin de la brochure.

vu les secrets que sa mort seule devait révéler, profanés par l'œil impur des perquisiteurs; pourquoi a-t-on étouffé sa voix ? si c'est par ce que le fait est assez flétri dès-à-présent, je bats des mains, mais, si c'est par un autre motif qu'on a voulu éviter l'impression que son récit pourrait produire, je me soulève, je m'indigne. Il est aussi dans cette enceinte cet infortuné M. de Mauduit, dont la jeune sœur malade, vous le savez encore, a péri victime de l'effroi causé par cette brutale visite; pleine de grâces, belle d'avenir, l'espérance, l'orgueil d'une famille, une jeune fille est descendue dans la tombe, parce qu'il a convenu un jour à un ministre de se donner le plaisir d'une illégalité.

Il vous a dit, il est vrai : « J'ai pensé que c'était là une » de ces occasions dans lesquelles un ministre *doit engager* » *sa responsabilité.* »

Dérision cruelle ! qu'est-ce donc que votre responsabilité, en présence d'un tel malheur? Dites, où est l'indemnité d'un enfant perdu ? Ah ! il n'était peut-être qu'une vengeance, c'était de vous condamner à assister à de si tristes funérailles.

Vous croyez peut-être, Messieurs, que j'ai atteint le comble de l'horreur, dans cet épouvantable récit, eh bien! non. Préparez vos âmes; voici ce qui doit s'il est possible, émouvoir plus encore. Au mois de février dernier, M. de Baillet, habitant près Clisson, est appelé à Nantes pour une affaire pressante; il part pendant la nuit, à cheval, et place pour sa sûreté deux pistolets à sa ceinture. En route, et près d'arriver, un des pistolets part; il reçoit dans la cuisse droite la charge toute entière. Arrivé à Nantes, un ami, M. de Saint-Hubert, lui donne l'hospitalité. Les médecins sont appelés en grand nombre, tous déclarent la blessure grave ; on lui applique les appareils nécessaires. Quelques jours après, des agens viennent faire une *visite domiciliaire* chez M. de Saint-Hubert. Ils furètent dans la maison toute entière; arrivés à la chambre de M. de Baillet, sans égard pour sa position, sans piété pour sa douleur, ils le forcent à se lever, et fouillent son lit; vous croyez peut-être que c'est tout : non, Messieurs, ils ont l'infamie de dire qu'il cache des plans de conspiration sous les ligamens de sa blessure, et ils la débandent eux-mêmes, jusqu'à ce que leur avide regard eût enfin soulevé la dernière enveloppe, et qu'ils se fussent bien convaincus qu'il n'y avait qu'une plaie horrible, et du sang !......... Quelque temps après le capitaine de Baillet, n'était plus !.........

(Ici, M.ᵉ Fontaine lit, à l'appui de son récit, une lettre qui lui avait été adressée par le beau-frère de la victime. Comme on a osé nier à l'audience et dans un journal la vérité des faits, nous reproduirons cette lettre contre laquelle il faudrait autre chose qu'un vague démenti.

» Monsieur,

» Il est des choses qu'on voudrait oublier, tant il est affligeant d'y penser, mais puisque vous désirez, avoir quelques détails sur les causes de la mort de mon beau-frère, M. de Baillet de la Brousse, et sur les indignités dont il a été victime, je veux bien vous les donner succinctement.

» Au mois de février dernier, M. de Baillet, qui habitait près de Clisson, obligé de se rendre précipitamment à Nantes, partit de chez lui, pendant la nuit. En route un des pistolets qu'il avait dans sa ceinture partit et le blessa à la cuisse. Malgré cette blessure, il continua son voyage. Arrivé à Nantes, il descendit à l'auberge, et fit appeler des médecins. Quelques jours après son arrivée, le général Saint-Hubert, qu'il connaissait depuis long-temps, fit tant d'instances auprès de lui, qu'il accepta l'hospitalité qu'il lui offrait. Il y avait deux ou trois jours qu'il était chez ce généreux hôte, lorsqu'on vint y faire les perquisitions, dont les journaux ont rendu compte dans le temps. Les agens de police, chargés de cette illégale mission, trouvèrent M. de Baillet au lit, où le retenaient et sa blessure et la fièvre ; sans égard pour sa position, ils le forcèrent à se lever et même il poussèrent la barbarie, car c'est le mot, jusqu'à débander sa blessure sans appeler de médecin et aux risques de lui occasionner une hemorragie qui aurait pu être cause de sa mort. Tout cela, sous l'inconcevable prétexte qu'il pouvait y avoir des papiers cachés sous ces bandages; comme si on n'eût pas pu s'en assurer au simple toucher... M. de Baillet est mort quelques semaines après...... Si c'est là de la liberté, ce n'est pas de l'humanité.

» Bouhier de l'Ecluse. »)

Ah ! l'âme se brise quand on pense aux effets possibles d'un caprice et de la cruelle légèreté des hommes du pouvoir. Un télégraphe fait un signe, à l'instant des milliers d'habitations sont dans l'effroi, et dans le deuil. Des malheurs, pour lesquels il n'y a pas de consolations sur la terre, accablent les plus irréprochables familles ! Maintenant, que, dans leurs magnifiques hôtels, sous leurs habits brillans d'or, au milieu de l'encens des flatteurs qui célèbrent leur génie et leurs vertus, ils s'enivrent des joies de la fortune ! Quelque jour, peut-être, lorsque le pouvoir qui dure si peu aura passé à d'autres mains, que les illusions seront évanouies, la voix des victimes que leur imprudence à faites, sera entendue d'eux, elle troublera le repos de leur retraite, et d'éternels regrets pèseront sur leur âme !

Messieurs, après les visites domiciliaires, il n'y a qu'une chose qui puisse étonner d'avantage et soulever l'indignation, s'il pouvait en rester à soulever, c'est qu'on les ait *appelées des mesures de protection* envers ceux qui les souffrent.

4.me CHEF DE PRÉVENTION.

Dans son numéro du 8 janvier, la GAZETTE DE BRETAGNE a inséré en quatre lignes un article dans lequel elle dit que plusieurs maires se sont plaints à elle ; comme *d'une diffamation*, que l'on eût conservé leur nom dans l'almanach de Rennes de 1831, tandis qu'ils ayaient cessé leurs fonctions, par suite de refus de serment. La GAZETTE ajoute : les maires se trompent, il *n'y a pas diffamation*, il n'y a qu'*erreur*. Messieurs, qu'un ami du gouvernement, quelque poli qu'il soit, réponde mieux et plus innocemment que le journal, je ne crois pas que la chose soit possible ; cherchez ici avec le ministère public une *excitation* à la haine et au mépris du gouvernement du roi, vous ne pourrez la trouver. D'abord le fait est vrai, j'en ai la preuve dans mes mains ; la plainte des maires contient positivement l'expression de *diffamation*. Mais qu'y a-t-il donc là qui effarouche ? Je ne vois rien qui ne soit de la plus haute moralité ? on n'y attaque pas le gouvernement en thèse générale, et abstraction faite de la légitimité, ou des qualités du pouvoir ; n'est-il pas vrai qu'il y a des hommes qui peuvent et qui doivent justement se regarder comme atteints dans leur considération, par la supposition qu'ils ont pu s'y rattacher et le servir ; a-t-on oublié avec quelle indignation le défenseur de Louis XVI repoussa l'imputation d'avoir accepté de Napoléon des fonctions administratives ? Des maires qui ont donné des gages à la dynastie qui n'est plus, martyrs pour elle à d'autres époques, dans un pays comme le vôtre où les opinions sont si franches, si inflexibles, si tranchées, n'ont-ils pas pu éprouver un sentiment et une susceptibilité de même nature que celle que je viens de citer ? Oh ! Messieurs, n'ôtons pas aux caractères cette fleur de conscience, cette chasteté de l'honneur qui rougit à l'idée de la moindre tache ; elles

sont rares aujourd'hui les âmes fermes et d'un seul ser‑
ment ! Pour quelques-unes que l'on rencontre , combien
d'hommes qui se sont traînés , la main levée, depuis 40
ans , devant tous les gouvernemens que la France a vus
se succéder. On en sait , et on n'en voit que trop , qui se
sont senti de l'admiration pour la Convention , un faible
pour le Directoire , de la sympathie pour les Consuls , de
l'enthousiasme pour l'Empire , du délire pour la Restau‑
ration , et de la frénésie pour Louis-Philippe ! Ne donnons
pas à ces consciences viles et usées par leurs mille sermens,
la joie et la consolation de voir condamner les vertus in‑
corruptibles.

5.ᵉ CHEF. *Provocation à la guerre civile. Attaque contre les
droits du Roi.*

C'est un souvenir historique qui , raconté en deux
phrases , est chargé par le ministère public de ce double
crime. On y rappelle que , lors des querelles du Préten‑
dant et du roi Guillaume , les clans catholiques de l'Ouest
et de l'Écosse *furent long-temps citoyens inoffensifs , malgré
leur aversion pour l'usurpateur , mais qu'ils devinrent guer‑
riers indomptables , lorsqu'ils furent inquiétés dans leur religion
et leur liberté;* et puis le journaliste ajoute : *A bon enten‑
deur, salut !* Je ne m'imagine pas, Messieurs, qu'il puisse
y avoir un article plus conforme à la pure doctrine cons‑
titutionnelle , telle que l'a faite la charte de 1830. En
effet, n'a-t-il pas été proclamé au bruit de la foudre,
que le lien du roi au peuple était un contrat, que la
violation d'une condition de ce contrat était un cas
légitime de révolution, de guerre et d'insurrection ! Ce
principe est la révolution de juillet toute entière; et en
Angleterre c'est aussi, selon les Wighs purs, la véritable
interprétation du bill des droits. Eh bien ! qu'a-t-on
dit autre chose ? Rien : on énonce que si le gouverne‑
ment attente à la liberté du culte, ou à toute autre
liberté, l'exemple des clans de l'Ouest sera bon à suivre.
Plaider une doctrine contraire, c'est du légitimisme ,
c'est du droit divin, c'est de l'obéissance passive, en un
mot, c'est la conséquence des paroles de M. l'avocat‑
général; en sorte, chose miraculeuse ! qu'ici c'est la
GAZETTE qui serait libérale, et le ministère public abso‑
lutiste : péché qu'il repousserait peut-être de son côté avec
plus de colère encore que la GAZETTE ne le ferait du sien.

L'accusation est donc mal fondée. La charte du 7 août Messieurs, ce n'est pas autre chose que le commentaire de ce mot de l'empereur Trajan à un préfet du prétoire, en lui remettant l'épée, insigne de sa charge : « Si j'observe les lois, que ce glaive te serve à me défendre ; à me punir, si je les enfreins. » Donc, sur ce chef encore, aucun délit.

6.me Article.

Le grief prend ici un singulier caractère de gravité. On accuse la GAZETTE DE BRETAGNE d'avoir voulu inaugurer le duc de Bordeaux dans un calembourg ; voici le corps du délit : « La capitale veut la république, et la province *en ri* » ; ce qui veut dire, assure M. l'avocat-général, que la province veut *Henri V* ; ce qui est mettre en question les droits du Roi ; ce qui est de plus, provoquer à la guerre civile : crimes prévus et définis, non-seulement par l'article 2 de la loi du 30 octobre dernier, mais aussi par l'article 87 du code pénal, qui, par parenthèse, prononce la peine de mort. Du reste, M. l'avocat-général convient que les mots ici ne sont pas coupables, et que dans le sens simple et naturel ils présentent seulement l'idée que la province *rit* de la république ; mais, dit-il, c'est la *consonnance* qui est coupable. Prononcez à haute voix, et vous verrez que, soit que vous prononciez *en rit*, dipthongue, troisième personne du présent du verbe *rire* ; ou *Henri*, nom d'homme, le résultat pour ceux qui vous écoutent sera absolument le même : donc il y a culpabilité. Ainsi, Messieurs, comprenez bien : ce n'est pas le *mot* qui est coupable ici, c'est le *son !* O servante Nicole, et vous bon M. Jourdain, où êtes-vous ? Une pareille discussion serait bien digne de vos burlesques dialogues sur la grammaire et la prononciation ; mais pour cette audience !.... Le sentiment qu'inspire une accusation qui descend à ce dégré de petitesse et de ridicule, ce n'est pas la gaieté (Messieurs, je n'en sens aucune), c'est un sentiment triste et pénible. Quoi, c'est pour les faire juges d'un calembourg qu'on a arrachés douze citoyens à leurs familles et à leurs affaires ; il faudra qu'ils se recueillent religieusement et qu'ils prononcent ensuite sur leur honneur et leur conscience, qu'il y a, ou qu'il n'y a pas un quolibet séditieux ! C'est pour défendre un calembourg, que moi-même je suis accouru de la capitale et que j'ai franchi tant de distances ! Oh ! c'est se jouer trop fort aussi des plus saintes fonctions, des plus graves ministères, et surtout de la liberté des hommes.

7.me **ARTICLE.**

Désormais, Messieurs, nous entrons dans une carrière plus digne et plus sérieuse. C'est une chose bizarre que ces procès de la presse, où on incrimine tant de textes divers; les idées les plus contradictoires s'y succèdent; ils font passer, en quelques momens, par mille sentimens et mille discussions de la plus étrange antipathie! Mais, cette nécessité, je la subis, je ne me la suis pas faite. Attachons-nous donc aux deux articles qui restent à discuter pour avoir épuisé l'accusation. Le premier, daté du 13 février, est relatif à l'attentat de Louvel, dont ce jour renouvellait le funèbre anniversaire. Je ne le nie pas, cette page que l'on incrimine, c'est le cri violent d'une *âme indignée*, c'est le délire de la douleur. Toutefois, si vous cherchez le fond de l'inspiration, seul objet qui doive vraiment vous occuper, vous le trouverez irréprochable et même généreux. Ce qui soulève l'âme de l'écrivain, et fait découler de sa plume des flots d'amertume et de fiel, on le voit, c'est le souvenir et la préoccupation de faits récents, les plus tristes et, je ne crains pas de le dire, les plus *immoraux*. J'explique ma pensée, Messieurs : n'est-il pas vrai, que ce qu'il y a de plus triste dans le gouvernement qui nous régit, c'est son espèce d'horreur pour l'expiation, et ses complaisances révérencieuses pour la mémoire du crime. Il n'a pas su désavouer d'épouvantables attentats, et les monumens destinés à perpétuer l'effroi, sont demeurés inachevés et ont été détruits.

Ah! ce n'est pas ainsi que fit Guillaume, quand il eut occupé la place des Stuarts; il comprit que pour fonder un pouvoir durable, il fallait savoir respecter la morale et la religion, et séparer sa cause des crimes passés. Le lendemain de son avénement, venait la commémoration de la mort de l'infortuné Charles Ier; on le vit assister au service, et cette noble démarche lui conquit, je suis sûr, plus de Jacobites, que toutes ses grandes qualités. Aujourd'hui encore, sur la grande place de Withehal, est debout la statue expiatoire. Chez nous, Messieurs, on a fait autrement; il y a 8 mois, dans le bas relief du monument de Malsherbes, à Paris, des impies mutilèrent la tête de Louis XVI, désespérés, sans doute, qu'elle ne fut que de marbre! Que fit le gouvernement? réparer de suite le monument? c'était son devoir : Non, Messieurs, il laissa l'outrage offenser les regards jusqu'au mois de janvier dernier; alors le bas relief fut enlevé en totalité, pour ne plus être replacé jamais! A la conciergerie, on voyait dans le cachot de la reine Marie-Antoinette, une pierre sur laquelle se lisait une touchante inscription; c'était loin des regards de tous; l'œil d'aucun régicide ne pouvait s'en offenser. Eh bien! par ordre du prédécesseur du ministre actuel de l'intérieur, l'inscription de la pierre fut effacée. Il ne reste plus qu'à rendre le cachot à sa destination première. Cela manque encore à la profanation. Patience, elle s'achevera peut-être!

Dans une ville du Nord, le monument du Duc de Berry a été renversé par l'ordre de l'autorité. Dans une autre, plus près de Paris, dans le lieu où l'on sacrait autrefois les Rois, j'ai lu que la statue de ce même prince avait été abattue et trainée dans la boue! Enfin, Messieurs, ce qui fait plus de mal que ces sacrilèges commis sur des objets inanimés, c'est l'apologie du meurtre du 21 janvier! n'a-t-on pas entendu, jusque dans un auguste sanctuaire, ce jugement exécrable rendu sans crime, sans lois, sans formes, appellé par un jeune magistrat un *acte de justice!*..

Messieurs, si l'éloge des attentats est permis et souffert, il serait bien plus immoral encore de punir l'indignation qu'ils inspirent. C'est à un noble sentiment qu'à cédé l'auteur de l'article incriminé, c'est devant tant de profanations tolérées ou commandées, que son âme s'est émue.

Qu'avait-il fait à la France, pour que l'on brisât son monument funèbre, ce prince infortuné qui, comme Henri IV, son aïeul, tomba sous un coup de poignard!....

Ah! sa mort sublime, son cri de « *Grâce! grâce pour l'homme qui m'a frappé!* » disent assez qu'il aurait été un roi magnanime! Qu'avait-il fait au souverain qui gouverne? quelle haute convenance demandait d'abolir ce qui pouvait perpétuer sa mémoire? Aucune : l'histoire dit que, quelques instans avant de recevoir le coup fatal, il entra dans la loge du duc d'Orléans, et qu'il y embrassa avec affection tous les enfans.......... Non, rien ne commandait ce qui a été fait! Les mânes d'un Louvel ne me semblent pourtant pas assez nobles pour qu'on dût songer à les appaiser.

Enfin le dernier paragraphe de l'article du 13 février est surtout devenu l'objet d'une sévère accusation d'attaque aux droits du roi. L'écrivain s'y élève, avec toute sa véhémence, contre les affreux libelles, criés dans les rues de la capitale, sur la naissance du duc de Bordeaux; puis, il lui adresse quelques vœux, simples, touchants. La pensée d'être coupable est si peu venue à l'auteur, qu'il dit précisément dans la phrase qui précède le passage incriminé : qu'il *est soumis aux lois, qu'il les respecte*, et qu'*il n'a pas l'intention de sortir de leurs limites.*

Messieurs, je m'adresse à vos âmes honnêtes et généreuses ; n'est-il pas vrai, qu'il y a quelque chose qui inspire un inexprimable dégoût à voir le gouvernement donner, lui ou ses agens, l'autorisation d'assourdir les oreilles de la capitale de l'annonce de pamphlets aussi infâmes que celui que je tiens à la main ? je n'ose pas même vous lire le titre, tant il est immoral, pour ne pas souiller la sainteté de votre audience. C'est autour du Palais-Royal qu'il a été crié et vendu cinq centimes ! Vous connaissez la dernière loi, sur les crieurs publics ; ainsi il est indubitable que la police encourage de pareilles publications. Quoi ! poursuivre un enfant avec cette lâcheté et cette infamie ! Enlevez-lui, si vous voulez, cette légitimité politique qui n'a jamais fait, hélas ! que des malheureux ; mais laissez-lui au moins cette légitimité de la nature qui est le droit inviolable du plus obscur citoyen !

En résumé, une profonde et violente indignation provoquée par mille faits révoltans d'immoralité ; voilà ce qu'on trouve dans l'article : mais les deux délits, on les y cherche vainement.

ARTICLE DU 9 MARS, RELATIF A L'ÉTAT ACTUEL DES DÉPARTEMENS DE L'OUEST ; il sert de base à une accusation de provocation à la rébellion et à la guerre civile.

Messieurs, j'aborde, je le sais, un sujet brûlant ; il ne sortira de ma bouche aucune parole qui anime les haines, aigrisse les discordes et attise les feux de la guerre civile....... La guerre civile ! J'ai besoin de vous dire, en commençant cette discussion, que, pour moi, la subir, c'est le plus grand des maux, et l'exciter, le plus grand des crimes. Je viens en conscience et de sang froid, sans esprit de parti, voulant avant tout le repos de mon pays, chercher avec vous, comme l'a fait l'auteur de l'article, qui a tort ou qui a raison, dans ce drame terrible et sombre qui semble se préparer, ainsi que l'a dit le ministère public. Nous ne pouvons pas rester sous l'inculpation d'en être les auteurs; il faut la renvoyer à qui elle appartient.

Je pose deux questions :

1.° Qui provoque les départemens de l'Ouest à des soulèvemens ?

2.° Qui a un intérêt actuel à les provoquer ?

Pour les résoudre, j'invoquerai des faits notoires ou dont j'aurai la preuve entre les mains. Il vous en souvient, Messieurs; à peine la révolution de juillet éclata, les provinces de l'Ouest et du Midi que l'on croyait éprouver peu de sympathie pour le règne nouveau, furent dénoncées à la France et à l'Europe comme un foyer de conspirations, et un repaire de fauteurs de guerre civile. Bientôt l'Ouest fut placé sous la surveillance d'une haute police, comme ces ignobles malfaiteurs déjà repris de justice et punis pour méfait.

De la calomnie à la persécution il n'y a qu'un pas; il faut l'une pour justifier l'autre : ce pas fut bientôt franchi. Au mépris de la charte, la liberté du culte, la liberté individuelle commencèrent à recevoir de graves atteintes; dès le mois d'août et de septembre, vous trouvez des avanies aux prêtres, aux croix, et déjà des visites domiciliaires.

Cependant, Messieurs, à cette époque, et long-temps après, tout était tranquille dans l'Ouest. Le tribut d'argent se payait exactement, et même l'impôt du sang, plus dur que l'autre; je n'en veux pour preuve que les proclamations de vos autorités administratives, que j'ai entre les mains.

Au mois de novembre encore, calme profond : vous n'avez pas oublié, qu'à cette époque, les journaux du gouvernement célébraient les changemens heureux de la Vendée ; ils en chantaient des hymnes de joie. Ce n'était plus, comme ils disaient, ce peuple fanatique, encrouté de préjugés, attaché servilement à son vieux culte et à ses anciens rois : il avait ouvert les yeux à la lumière libérale; depuis 15 ans l'esprit constitutionnel avait passé par-là.

Ainsi, il est incontesté que, jusqu'à la fin de novembre, un calme profond régnait dans les départemens de l'Ouest.

Mais au premier décembre, une mesure mal calculée vient commencer la fermentation ; je veux parler de l'arboration forcée des drapeaux tricolores, de leur profusion inouïe, et des circonstances qui, dans beaucoup de localités, accompagnèrent cette cérémonie.

Messieurs, je parle ici sans haine pour ce qu'on appelle les couleurs nationales, et je reconnais que le gouvernement avait le droit de les arborer ; mais je recherche la cause, quelqu'elle soit, d'événemens que je déplore ; j'émets des vues qui me semblent justes : qu'on ne cherche donc pas à donner à mes pensées des interprétations que je désavoue à l'avance. Je défends une cause, je ne sers pas un parti ; personne plus que moi n'a de dégoût pour les déclamations : d'ailleurs, vous allez juger mes raisons.

Que pour d'autres parties de la France le drapeau tricolore soit seulement un étendard de gloire, je le conçois ; il a assisté, pour cela, à d'assez grandes et immortelles victoires contre l'étranger : mais pour la Vendée! Messieurs, je le demande à tout homme de bonne foi, n'est-il pas vrai que ce drapeau est environné de crêpes funèbres ? n'est-il pas vrai que chez elle il a flotté sur des monceaux de cadavres et de ruines? On le portait dans les colonnes infernales de Westermann et de Santerre, lorsqu'on incendiait le château du noble et la chaumière du pauvre. Il était présent au massacre de Quiberon ; il servait de pavillon aux flotilles de Carrier, lorsqu'il faisait précipiter 22,000 victimes dans les eaux de la Loire. Pas une famille dans la Vendée qui, à ces tristes époques, n'ait été décimée par la guillotine ou les combats. Faut-il s'étonner, après cela, qu'une sorte d'aversion environne encore ce signe aux yeux du vendéen ? Eh bien ! on ne sut pas assez ménager le souvenir de ses douleurs légitimes ; on sembla prendre à tâche de l'offenser et de l'aigrir. Si une loi eut ordonné, en termes formels, la plantation des drapeaux jusque sur le dernier clocher et sur la plus petite municipalité, je concevrais mieux que l'Ouest n'eût pas été dispensé de la mesure. Mais il n'existait pas de loi : tout était donc abandonné à la prudence de l'administration. La politique, le temps surtout, est un élément nécessaire du succès des mesures. Attendre, accoutumer lentement les hommes à ce qui les révolte dans la brusquerie d'un premier moment, voilà la tâche des grands politiques qui travaillent pour calmer les peuples et non pour les troubler... Ce n'est pas tout ; les circonstances de ces plantations sur les églises viennent ajouter, en mille endroits, de nouvelles causes d'irritation. On choisit précisément les dimanches, pendant les saints offices ; et j'ai la preuve que dans un grand nombre de paroisses, l'impiété commit, à ces occasions, les plus grands désordres, et quelquefois d'horribles profanations.

Cependant, Messieurs, on souffrit avec résignation ces affronts de tous genres. Survinrent les événemens de février. Une vieille basilique que le tems et la foudre avaient respectée pendant tant de siècles, fut ravagée en quelques heures par des brigands policés. L'autorité fut simple spectatrice de la destruction, des attentats et des plus abominables sacriléges.

Qui ne se rappelle cette procession, souvenir hideux des saturnales de 93 ? L'archevêque de Paris, Messieurs, un de vos bretons, dont le haut caractère et la vertu font tant d'honneur à son pays, fut porté en effigie dans les rues de la capitale, avec un morceau de chair à la bouche, et au milieu d'atroces vociférations contre les prêtres ? Plus tard à Nîmes, des femmes et des enfans qui tenaient embrassées des croix que la corde municipale voulait abattre, étaient impitoyablement massacrées. Le bruit de toutes ces abominations, le cri de ce sang pur et innocent vint épouvanter les provinces religieuses de l'Ouest et les saisir d'horreur. Insensés ! ne savent-ils pas qu'il ne faut jamais toucher violemment à la religion des peuples ; que, pour des catholiques brûlans d'une vive foi, la désolation du sanctuaire est la plus amère douleur !

Voilà, avant tout, Messieurs, la cause des changemens qui peuvent être survenus dans les sentimens de l'Ouest, et qui sont peints avec une frappante vérité par l'écrivain de la Gazette de Bretagne.

Des mesures d'une autre nature portèrent bientôt l'irritation à son comble. Le 13 février, on s'empare du plus odieux prétexte et de l'existence prétendue d'un complot dont le jury a naguères, fait une si éclatante justice ; et les douze dépêches télégraphiques du ministre de l'intérieur partent de Paris, avec ordre de faire des *fouilles chez tous ceux qui étaient connus pour professer des opinions et des sentimens favorables à la dynastie exilée.* L'Ouest devait subir ces fouilles, à plus de titre qu'aucune autre portion du territoire. Partout l'inquisiteur s'introduisit dans le domicile, sonda les murs et creusa la terre, pour y découvrir quelque plan de cette conspiration rêvée par le machiavélisme et par la peur.

Ce fut encore une fatale mesure, que l'essai de désarmement général de l'Ouest. Pourquoi enlever aux vieux soldats de la *guerre des géans*, comme l'appelait un bon juge, (1) les armes conquises au prix de leur sang? S'il est dans cette enceinte quelque vieille gloire, reste de cent combats livrés depuis 40 ans, et qui ait subi toutes les vicissitudes de la guerre, qu'elle me réponde et qu'elle dise quand elle a ressenti les sentimens de l'humiliation la plus profonde. N'est-ce pas à ces momens où, vaincu par le nombre, épuisé par des blessures, n'ayant plus assez de forces pour marchander sa vie, on est contraint de rendre à l'ennemi ses armes? N'est-ce pas alors qu'on voit ces âmes de bronze, habituées à regarder gaiement la mort en face, laisser tomber de leurs yeux des pleurs de douleur et de rage?......... N'est-ce pas à ces momens qu'ils se jurent à eux-mêmes de retrouver, un jour, le vainqueur d'un moment, et de laver cet affront? Ne blessez donc jamais les hommes dans leurs sentimens les plus généreux.

C'est quelque chose de semblable, Messieurs, qui se passa dans la Vendée. Celui-là avait été le compagnon de ce Bonchamps qui obtenait, mourant, la vie des 5,000 prisonniers républicains : cet autre s'était battu sous Larochejaquelin, Lescure, Cathelineau et ce jeune prince de Talmont qui disait au bourreau en montant sur l'échafaud : « Fais ton métier, je fais mon devoir. » Son arme avait assisté à tous les hauts faits de la guerre vendéenne; c'était un trophée qu'il montrait avec orgueil à ses enfans, en leur contant ses longues aventures; l'empire et Napoléon l'avaient respecté, et on le lui arrache!....... Inutile outrage ! Tant que ses haies vives existeront, et qu'un seul arbre sera debout dans ses forêts, ne peut-il pas y retrouver ce bâton qui lui servait naguère à enlever des canons ?

Ce n'est pas tout que ces insultes : en voici de plus poignantes encore. Vainement un ministre monte à la tribune, pour dire dans un rapport pompeux : « Les monu- » mens sont sacrés comme l'histoire; ils ne doivent périr » que sous la faulx du temps. » A Savenay, le simple obélisque qui portait l'inscription : *à la Vendée fidèle*, a été renversé. A Légé, la statue de Charette a été lâchement mutilée; la tête, séparée du tronc, fut jetée dans un lieu impur. Les misérables, ils l'insultèrent en bronze; et, s'il

---

(1) Napoléon.

eût été vivant, un regard de sa face les eût fait rentrer en terre.

Enfin, Messieurs, vous connaissez l'invasion militaire de la Vendée, avec ses avanies et ses inévitables brutalités. Il en existe, dans cette enceinte des preuves vivantes : vous les auriez entendues, si on n'eût pas rejeté nos témoins (comme si étouffer la plainte, c'était guérir le mal)..... Ah ! Messieurs, pour supporter tout cela, ne faut-il pas une patience surnaturelle ! Et ce qu'il y a de plus triste à voir dans ce monde, n'est-ce pas des frères qui se traitent en ennemis ?

Ainsi, la Vendée, partout paisible et soumise, a été partout vexée et provoquée. On dit que 40,000 hommes l'occupent, qu'un camp va encore être formé près de Chollet; et pourtant jusqu'à ce jour, on n'a vu que quelques refractaires, comme il y en a eu dans tous les temps; pas une seule paroisse ne s'est soulevée !

Au reste, s'il existe encore des réfractaires, c'est que, peut-être, on l'a voulu. Le ministère public a parlé de rébellion aux amnisties : mais, en même temps qu'on les publiait, on en laissait faire des commentaires qui empêchaient de les accepter. Voyez celle qui avait été publiée par le général Bigarré, au mois d'avril. Hé bien, quelques jours après, dans une feuille qui est, je crois, le journal officiel de l'administration, paraissait l'article suivant :

« La réception *en grâce* des déserteurs, annoncée par » M. Bigarré, ne doit sans doute s'entendre qu'en ce sens, » que ce sont *des promesses* de demander grâce, *avec espoir* »d'obtention ; car le droit de faire grâce n'appartient qu'au roi *et n'est pas susceptible d'être délégué.* »

Le 27 avril, on affiche une ordonnance du roi Louis-Philippe, qui fixe un délai d'amnistie jusqu'au 5 mai; et le 1.er mai, le journal de Maine-et-Loire publie une lettre du général Dumoustier, dans laquelle on lit avec frémissement, ces mots : « *J'ai recommandé, dans le cas où les co-* »*lonnes mobiles rencontreraient Diot et compagnie, de ne pas* »*s'amuser à les sommer de mettre bas les armes, mais de faire feu* »*sur eux et de ne pas faire de quartier.* » Quoi, des déserteurs traqués comme des bêtes fauves ! *Ne vous amusez pas,* quelle expression ! quel mépris de la vie de l'homme !

Remarquez que le général ne distingue aucun cas. Il ne dit pas quel nombre il faudra être pour donner le droit de tirer, ni si on ne devra pas le faire sur des bandes ou des individus sans armes. Quelle effroyable latitude laissée à la discrétion et à la prudence d'un gendarme ou d'un soldat! Ainsi ce ne fut plus la justice et l'humanité qui furent placées entre l'autorité et les populations de l'Ouest, mais la force brutale!

Voilà la réalité :

Le foyer et l'autel ont été et sont encore violés.

Maintenant, qui a cet intérêt actuel à la guerre civile? Je pourrais me dispenser d'examiner cette question. Vous venez de voir des faits qui parlent et qui disent de quel côté elle viendra, si elle vient, ce qu'à Dieu ne plaise!

Supposez une révolution dont le principe et l'exemple seraient menaçans pour les états européens par une double raison, c'est-à-dire, parce qu'il y aurait eu triomphe d'une insurrection contre un souverain, et un prince de la famille royale placé sur un trône où ne l'appellait pas la nature. Toutes les têtes couronnées seraient absurdes, si elles ne désiraient pas d'étouffer de pareils enseignemens et de pareils succès. La guerre est donc à craindre, elle est probable. Il n'y a qu'une seule chose que l'on ne sache pas, c'est l'époque. Voilà, Messieurs, pour tout ce qui sait observer en politique, l'avenir de la France, malgré la paix qu'on implore à genoux.

Supposez encore qu'on ait la pensée qu'en cas d'hostilités avec l'étranger, il pourrait se faire quelque diversion parmi des populations que la révolution a froissées; alors, un gouvernement machiavélique (et on en a vu plus d'un exemple) se dirait à lui-même : opprimons savamment ces populations ; divisons la guerre pour être plus sûrs de la victoire; trouvons le moyen de nous débarasser d'abord de cette crainte importune d'une diversion à l'intérieur. Mais il faut avoir un prétexte pour écraser un peuple ; autrement l'iniquité crierait trop haut. Eh bien! venons; persécutons de toutes les manières; envoyons-lui l'inquisition à domicile; insultons-le dans ses souvenirs, dans ses monumens, et surtout dans ses prêtres et dans sa religion, car il y tient avant tout : en un mot, lassons sa résignation, irritons sa patience, poussons-le à la dernière extrémité; c'est un peuple brave ; dans son désespoir, il se jettera peut-être sur les armes ; il y aura quelques émeutes, quelques résistances partielles ; à l'instant l'arrêt de sa mort sera prononcé!.... Puis, arrive la guerre étrangère; il ne nous inquiétera plus!

Combinaison atroce ! si elle n'existe pas dans les hommes du pouvoir, et je le souhaite, leur conduite envers la population de l'Ouest est un énigme inexplicable ; il faut que le gouvernement choisisse entre la plus damnable perfidie, et l'aveuglement le plus incompréhensible. Ce qu'il y a de certain, c'est qu'au moins, à côté du ministère, il existe un parti qui le pousse à ce qu'il appelle *des mesures énergiques* contre l'Ouest, qui veut des *états de siège* pour gouverner, des *commissions* pour juger, et *des exécutions militaires*, pour en *finir promptement*. Ces cris de sang, les échos de vos contrées en sont assourdis ; vous les voyez chaque jour consignés, non seulement dans des journaux indépendants, mais encore dans de viles feuilles qui vivent à la solde des administrations, ou qu'elles rédigent elles-mêmes.

Oui, les ennemis seuls de la Vendée ont un intérêt à la guerre civile ! oui, eux seuls la provoquent ! oui, eux seuls l'auront faite, si elle arrive, ce que le ciel détourne de nous ! Pourquoi donc voudrait la guerre civile un peuple bon, simple, retiré, avec des mœurs qui ne ressemblent à aucunes autres, sans ambition, sans besoin, et qui ne demande qu'à conserver ce qu'il possède. A d'autres les places, les sinécures, l'argent du budjet : pour lui, il ne veut que payer l'impôt dont d'autres jouissent, à condition seulement qu'on respectera son champ et sa foi.

Messieurs, les écrivains courageux dont la voix a prédit tous les malheurs possibles, lorsqu'il en est temps encore, et qui ont averti ceux qui gouvernent, sur le penchant de l'abîme où ils nous entraînent avec eux ; ces écrivains là ne sauraient être condamnés par vous ; à moins que ce ne soit un crime d'avoir bien servi son pays, et cherché à lui épargner des déchiremens et des ruines.

Ce n'est pas dans l'intérêt d'un seul homme que je vous demande l'absolution, mais pour votre province, pour la France entière. De votre arrêt d'acquittement peut sortir pour le pouvoir une leçon qui nous sauve.

Il exprimera le sentiment du pays sur ces fouilles odieuses qui violent à la fois la propriété et les droits les plus sacrés. Il dira que les Vendéens et les Bretons ne sont pas des bêtes fauves que l'on tue, sans jugement et sans formes ; que votre province est une des plus vieilles et des plus nobles provinces françaises, et non pas une nation ennemie. Il leur dira, enfin, que votre terre est abreuvée d'assez de sang, pour ne pas vouloir rouvrir ce tombeau de la Vendée, où s'engloutit, il y a 30 ans, un million de français !

Ah ! Messieurs, quand donc mettrons-nous un terme à nos discordes? Hommes généreux et de bonne foi de toutes les opinions, c'est à vous que j'en appelle. Qu'est-ce qui gagne aux bouleversemens, si ce n'est ce qu'il y a de plus vil dans les partis? Sans doute, pour ceux qui ne cherchent dans les troubles que des fortunes à établir et des ambitions à satisfaire, une révolution est un temps de joie et de bonheur ; mais pour tout ce qui sent battre son cœur, au nom sacré de patrie, c'est une époque de tristesse et d'amertume. Qui donc n'aurait pas l'âme navrée de voir des citoyens d'une même nation, rangés dans des camps ennemis, se haïr comme de grands coupables, et courir à de mutuelles funérailles ; pourtant, Messieurs, le tort du grand nombre c'est d'aimer son pays à sa manière, et d'entendre son bonheur d'une autre façon. Oui, honte et malheur à ceux qui arrachent leur pays au repos, à la prospérité, pour le jeter dans ces longues tempêtes qui ne s'appaisent qu'en immolant tant de pures victimes !

Messieurs, laissons-là, croyez-moi, ces mots barbares de *vainqueurs* et de *vaincus*, ils ne font qu'appeller des vengeances, et jurer entre nous des haines irréconciliables.

Après cette vive et brillante plaidoierie, écoutée dans un silence qu'avaient à peine interrompu quelques rares et légers murmures, l'audience est suspendue pendant deux heures. Au moment où elle est reprise, des sifflets, des cris répétés : *à bas les chouans !* se font entendre dans l'auditoire. Tout annonce qu'un coup a été monté, dans l'intervalle des deux séances. L'agitation est si grande que deux fois le ministère public essaye vainement de se faire entendre. Enfin le tumulte s'appaise : M. l'avocat-général, dans une réplique qui n'était pas propre à calmer les esprits, soutient de nouveau la prévention, et se livre à de violentes accusations contre la GAZETTE. Il va même jusqu'à dire que notre défense est basée sur le mensonge, et il ose ajouter *qu'une responsabilité plus grande que celle de la justice, pèse sur nos têtes.* Plus d'une fois son discours émeut la sympathie d'une nombreuse partie de l'auditoire, et provoque de vifs applaudissemens.

C'est au milieu de cette agitation toujours croissante, que M.ᶜ Guibourg prend la parole, et prononce, avec un accent plein de noblesse et de fermeté, ce discours, souvent interrompu par de violens témoignages d'improbation :

MESSIEURS LES JURÉS,

Cet honneur de m'adresser à votre haute sagesse, au milieu d'un barreau justement célèbre par ses jurisconsultes et ses orateurs, ce dangereux honneur, je n'aurais pas eu la témérite de l'ambitionner. Cédant aux instances de l'amitié, j'ai bien moins consulté mes forces que le désir de répondre à une confiance qui m'honore, de revenir chercher des exemples et des modèles, à la source où je puisai jadis de sages enseignemens, de nobles inspirations. Oui, c'est ici, Messieurs, que s'ouvrit pour moi la carrière du barreau; que j'appris à connaitre la force d'un raisonnement qui s'appuie sur les lois et la vérité; que j'éprouvai surtout ces impressions profondes d'une sensibilité généreuse, d'une entraînante éloquence. Ah! si, ranimant mes souvenirs et les vôtres, je pouvais éveiller l'écho de ces voix puissantes qui préparèrent ici tant d'arrêts favorables, combien il me serait facile de faire passer dans vos consciences la conviction qui soutient la mienne. Mais pour triompher devant vous, la vérité n'a pas besoin de si brillans auxiliaires. Elle en eût d'ailleurs trouvé un puissant, dans la personne de l'orateur qui m'a précédé dans la défense. Je dois craindre d'affaiblir les impressions qu'il a produites; mais ce danger est nul pour la cause : il est tout entier pour l'avocat.

Dans cette discussion, je m'efforcerai de ménager l'ardeur des passions et les susceptibilités de l'amour-propre : mais j'ai besoin de liberté; la liberté m'est due; je la réclame toute entière. Le temple de la justice est son premier sanctuaire et son dernier asyle. Ici, nulle sorte d'esclavage. Le malheureux, privé de la liberté, la recouvre en entrant en ce lieu. Ses fers tombent sur le seuil de cette porte : heureux emblême de la protection de la loi! Heureux encouragement à présenter hardiment sa défense!

Messieurs, il n'est pas dans la nature de l'homme d'être en paix continuelle avec tous ses semblables.

Soumis à des influences diverses, en raison des temps, des lieux et surtout des passions, c'est déjà un assez grand bonheur aujourd'hui, quand la scène si mobile du monde ne le présente pas en contradiction avec lui-même.

Plus les intérêts qui le concernent sont importans et graves, plus les divisions sont fortes et marquées. Il n'est donc pas étonnant que ces questions de morale et de politique qui touchent à l'existence même des peuples, trouvent les hommes si désunis entre eux. Aussi le monde civilisé est-il aujourd'hui comme une immense arène où d'anciennes théories, rajustées sur quelques idées nouvelles, combattent incessamment des principes long-temps consacrés par le bonheur qu'ils ont produit.

Au milieu de ces luttes plus ou moins violentes, il est un point de ralliement pour tous les hommes honorables et tous les cœurs généreux : l'amour du bien public. Quelque différentes que soient les voies où nous marchons, nul autre but ne peut être permis. Nous voulons tous le bonheur et la prospérité de la France ; nous condamnons tous, ceux qui, agissant dans des vues d'égoïsme, pourraient sacrifier les véritables intérêts de leur pays, aux rêves insensés d'une ambition coupable.

Tels sont les principes du journal que je défends ; je le dis, parce que j'en ai l'intime conviction. Son patriotisme (à ce mot, des murmures s'élèvent dans l'auditoire ; M.ᵉ Guibourg se tournant vers les perturbateurs, s'écrie avec une énergie nouvelle : Je ne parle pas du patriotisme de 93 ; de cette affreuse époque où les têtes roulaient par milliers sur nos pavés sanglans. Un dévouement sans bornes, un sacrifice sans reserve de nos affections, de nos biens, de notre existence même au bonheur et à la gloire de notre patrie : Voilà notre patriotisme. Est-ce le vôtre ?) Oui le patriotisme de la GAZETTE DE BRETAGNE est aussi pur que celui du ministère public qui l'accuse. Le temps, seul juge dont il ne soit pas permis d'infirmer les arrêts, viendra nous apprendre qui de nous a le mieux compris cette grande vertu du citoyen. Ce qu'il importe de constater ici, c'est que la GAZETTE DE BRETAGNE se trompât-elle, se tromperait de bonne foi. Or, l'erreur même a droit à l'estime et aux égards, quand elle n'est pas l'effet du calcul ou de la passion, quand elle est soutenue avec franchise, avec courage, avec indépendance.

Mais, comme il est facile d'abuser de tout, ne pourrait-on pas se faire un rempart de cette bonne foi, pour attaquer et détruire un gouvernement établi ? Une telle objec-

tion conduirait à examiner la nature et le dégré de liberté
qu'il est juste et sage de donner à l'homme vivant en
société ; question délicate, qui s'agite depuis 40 ans parmi
nous , et dont la solution n'est peut-être pas plus avancée
qu'au premier jour.

Il est pourtant, ce me semble, des principes incontes-
tables à cet égard.

La liberté doit nécessairement varier, suivant la forme
du gouvernement établi, et, dans un même gouvernement, suivant les temps et les circonstances. De même
qu'une monarchie absolue assure moins de liberté qu'une
monarchie représentative, de même ce dernier mode de
gouvernement, assis sur les ferments d'une révolution
qu'on aurait cru calmée, pourrait, devrait être moins
libéral que cette révolution de nouveau triomphante et
maîtresse du pouvoir. Je m'explique : depuis la restauration, la liberté de la presse avait été plusieurs fois mo-
difiée, sans qu'il en fut résulté d'inconvénient grave pour
le gouvernement.

Une pareille mesure est impossible aujourd'hui. D'où
vient la différence ? C'est que la restauration, ne pouvant
adopter tous les principes de la révolution, devait nécessairement la contrarier dans quelques-unes de ses ten-
dances.

Il n'en est pas de même aujourd'hui. La révolution de
juillet s'est présentée à la France, comme apportant avec
elle, l'affranchissement de toutes les facultés morales;
chacun a donc cru qu'il était maître de reprendre une
portion de cette liberté dont la société avait autrefois exigé
le sacrifice. C'est une idée générale, universelle, que
toutes les poursuites du ministère public ne sauraient
détruire. Le gouvernement actuel en est la cause et l'effet ;
il ne peut la répudier, sans être infidèle et traître à son
origine. Quand même il en sentirait aujourd'hui les inconvéniens, c'est un vice naturel avec lequel il doit vivre,
s'il ne veut risquer de périr avec lui. Et cependant, Messieurs, quel temps fut plus fécond en procès politiques,

Nous ne sommes pas arrêtés, il est vrai, par le frein de
la censure; mais nous sommes incessamment menacés
dans notre fortune et notre liberté. Le glaive de la loi est
continuellement dirigé contre les journaux : il semble
qu'on ait pris à tâche de les fatiguer, de les abreuver de
dégoûts et d'amertume, de mettre la liberté de la pensée à

un si haut prix qu'on sera forcé d'y renoncer. Etrange incon-
séquence ! Quoi ! n'est-ce pas pour une atteinte à la liberté
de la presse que vous avez sonné le glas funèbre de l'ancienne monarchie ? vous avez dispersé les débris d'un vieux
trône pour le reconstruire , disiez-vous , sur des bases plus
larges et plus solides : vous'avez promis une liberté générale et sans restriction, ni pour les choses , ni pour les
personnes ; et les personnes sont violentées jusque dans
le sanctuaire de leurs dieux domestiques ; et la presse ,
protectrice née de tous les intérêts , de tous les droits ,
gémit, accablée sous le nombre des procès que chaque jour
voit éclore. (1)

Quels sont donc les inconvéniens et les dangers que
le gouvernement apperçoit dans la presse ! Lui-même a
proclamé sa force. Quand on est fort, on doit être calme
et généreux. S'il représente la généralité des opinions de
la France, qu'importe quelques voix discordantes au
milieu d'un concert général d'approbation ? Elles ne sauraient en troubler l'harmonie ; et loin de lui nuire, elles
seront là, comme des preuves vivantes, pour attester la
réalité de ses promesses.

S'il n'était pas soutenu par une forte majorité, je concevrais
alors les dangers de la presse; mais quelque grands qu'ils
fussent, armé de ses théories, de ses principes, de la charte
même, je lui contesterais le droit de l'attaquer. Les peuples, ont nous l'a dit cent fois, les peuples ne sont pas
faits pour les gouvernemens; c'est chez eux que réside
le véritable principe de la souveraineté. Quoi ! ils auraient le
droit de modifier un gouvernement qui ne les rendrait
pas heureux, et ils n'auraient pas celui de faire entendre leurs doléances ! L'esclave n'est pas privé de cette
faculté ; un peuple libre doit pouvoir en user à son aise.

Messieurs, un grand nombre d'articles de la Gazette de
Bretagne sont déférés au jugement de la cour d'assises,
comme renfermant les délits 1.° d'attaque contre les
droits que le roi tient du vœu de la nation française,
exprimés dans la déclaration du 7 août; 2.° d'excitation

---

(1) Un des membres du parquet n'a pas craint d'avancer que les
poursuites réitérées étaient la 'meilleure preuve de la liberté de la
presse. Elle est libre comme l'esclave a qui l'on dirait de marcher
sur une ligne droite, et que l'on accablerait de violences, à la
moindre déviation.

au mépris et à la haîne du gouvernement du roi ; 3.° de provocation à la rébellion et à des attentats tendant à armer les citoyens les uns contre les autres.

Nous allons rapprocher du titre de la prévention chacun des articles incriminés, dans l'ordre suivi par le ministère public. 1.° Attaques contre les droits que le roi tient du vœu du peuple. Cette espèce de délit se trouve, d'après l'accusation, dans les numéros des 29 et 12 janvier et dans le numéro du 12 février. Le numéro du 29 janvier retrace un fait historique, l'inébranlable fidélité des catholiques écossais pour la race infortunée des Stuarts. « Citoyens inoffensifs et paisibles, malgré leur aversion » pour l'usurpateur, ils devinrent guerriers indomptables, » lorsqu'ils furent inquiétés dans leur religion et leur li- » berté. *A bon entendeur, salut.* »

Le ministère public a trouvé dans ces derniers mots et dans celui *d'usurpateur* une allusion évidente à la situation de la France et à son chef actuel.

Une trop grande pénétration est souvent un présent funeste. A la place de M. l'avocat-général j'aurais mieux aimé garder pour moi cette pensée que de la publier, d'autant plus que l'allusion dont il parle, ne peut être légalement prouvée. Cet article doit être regardé comme un avis donné au gouvernement, pour l'engager à respecter la religion et la liberté de tous ; ou comme un exemple à suivre par ceux qui n'éprouveraient aucune sympathie pour le pouvoir du moment. S'ils étaient inquiétés dans leur religion et leur liberté, ils auraient le droit de recourir aux armes.

La GAZETTE l'a dit et ne craindra pas de le répéter : Sans la liberté de conscience, sans la liberté des personnes, la vie n'est plus qu'un honteux esclavage. Un gouvernement né de l'insurrection, a juré de respecter l'une et l'autre : le jour où il trahirait ses sermens, pourrait-il trouver la révolte illégitime.

L'article incriminé ne présente donc pas le délit que le ministère public veut y voir.

Serait-il plus facile de l'appercevoir dans les lignes suivantes, de la feuille n.° 13 : « On repète en tout lieu que » la capitale veut la république, et la province *en ri.* » C'est probablement pour mêler le plaisant au sévère, conformément au précepte, que cet article a été compris dans la prévention. On peut y voir une attaque contre la grammaire, mais contre les droits du roi !.... Il faudrait plaindre bien sincèrement le monarque dont les droits, confondus avec les lettres de l'alphabet, dépendraient en quelque sorte de l'usage plus ou moins régulier de ces lettres. Ajoutez, en effet, un T au dernier mot, et le délit disparaît. Le ministère public n'aurait-il pas mieux fait de prendre ce mot dans son sens naturel ; de croire que la province rit des folles prétentions de la capitale, et de partager son hilarité ?

Je passe à l'article du 13 février, relatif à l'assassinat du duc de Berry (1).

Quelle sombre peinture ! s'est écrié le ministère public, comme elle excite la colère et l'indignation contre un homme qui ne craint pas de représenter Louvel comme l'affreux séide du parti libéral ! C'étaient aussi, Messieurs, l'indignation et la douleur qui conduisaient la plume de l'écrivain ; et quels sentimens furent jamais plus légitimes ! Il ne s'agit pas d'un assassinat ordinaire ; par la mort d'un seul homme, on voulait atteindre une longue suite de rois, une dynastie toute entière. Oui, Messieurs, il ne suffisait pas à l'infâme Louvel de se baigner dans le sang d'une victime royale ; ce qui faisait sa joie, c'est qu'il croyait frapper plusieurs générations, c'est qu'il croyait tarir la source de ce sang généreux qui aimait tant la France, et qui fut si long-temps aimé d'elle !

La providence trompa les vœux impies de l'assassin. Elle avait fait naître un rejeton, près de l'arbre dont elle permettait la chûte.

Présenter ce jeune enfant comme un nouvel Eliacin, dit le ministère public, invoquer, pour lui, les vœux et les hommages, c'est élever trône contre trône, c'est attenter aux droits du Roi des français.

M. l'avocat-général n'a pas bien lu la fin de cet article qu'il accuse. Il aurait dû voir que l'écrivain distingue soigneusement la soumission du corps d'avec la liberté de l'âme. Nous devons obéir aux lois, mais nos sentimens sont notre propriété exclusive. Quant nous avons payé le tribut à César, nous sommes libres de nous retrancher dans notre conscience, avec les objets de notre culte, de nos affections. C'est notre droit, notre droit le plus cher et

---

(1) M. de Saint-Priest auteur et signataire de cet article n'a pas été poursuivi.

le plus sacré, celui dont la jouissance doit être respectée par l'autorité la plus ombrageuse et la plus despotique. Ce n'est pas là élever trône contre trône, arracher le sceptre d'une main pour le placer dans une autre; c'est adorer le Dieu qui semble le véritable; c'est aimer, c'est honorer ce qui paraît digne de respect et d'amour.

Que l'article vous semble écrit dans un moment d'exaltation; l'auteur en convient lui-même. Mais l'exaltation en général, et surtout celle qu'inspire le forfait d'un côté et le malheur de l'autre, ne paraîtra jamais un crime aux âmes généreuses et indépendantes.

La première classe de délits imputés à la Gazette de Bretagne, ne sont donc pas justifiés. La seconde série comprend les délits d'excitation à la haine et au mépris du gouvernement du roi.

Il faut d'abord savoir ce que l'on doit entendre par ces mots, gouvernement du roi.

Le mot gouvernement, dans la signification grammaticale, indique les principes, les bases de l'administration d'un état. Ainsi, nous disons un gouvernement monarchique ou républicain, absolu ou représentatif, aristocratique ou démocratique.

L'acception que le langage ordinaire donne à ce mot, a été consacrée par nos lois; on en trouve la preuve dans les chartes de 1814 et de 1830 : toutes les deux renferment un chapitre intitulé : « Des formes du gouvernement du roi. » On y voit, que le gouvernement se compose du roi, ou du pouvoir exécutif, de la chambre des pairs et de la chambre des députés : c'est donc la réunion de ces trois pouvoirs qui forme le gouvernement du roi, c'est-à-dire, l'essence du gouvernement, la constitution ; par conséquent ici, constitution et gouvernement sont véritablement synonimes.

Il est impossible de donner un autre sens à ces mots, dans l'art. 4 de la loi du 27 mars 1822. Une simple loi pénale ne peut déroger à la loi fondamentale de l'état. Aussi ne voit-on rien dans cette loi qui ne soit entièrement conforme aux dispositions précitées de la charte de 1830.

La loi de 1822 établit des peines contre les attaques dont la personne du roi serait l'objet ; elle protège aussi les deux chambres, les ministres, etc., etc. Que restait-il à faire ? Protéger également la réunion des pouvoirs, c'est-à-dire, le système représentatif, la constitution : tel est le but de l'art. 4 de la même loi.

Ce sont donc les attaques contre la nature même du gouvernement que l'on a voulu punir. Ce délit ne se rencontrerait pas dans la critique plus ou moins amère des ministres, pris en particulier, ni même du ministère en général. À leur égard, le droit de censure existe dans toute son étendue ; il est consacré par l'art. 4 de la loi du 27 mars. Or, la censure emporte avec elle une idée de sévérité redoutable. Elle est, si l'on peut parler le langage figuré, elle est sœur de la satyre. Comme elle, on la voit souvent armée du fouet vengeur. Rien ne peut mettre à l'abri de ses coups, pas même l'habit brodé d'un ministre, dont elle se complaît à troubler le fastueux bonheur.

L'application de ces principes à l'examen des articles incriminés suffit pour établir le peu de fondement de la prévention. Commençons par l'art du 8 janvier.

« Un grand nombre de maires se plaignent, comme
» d'une *diffamation*, de la conservation de leurs noms sur
» l'almanach de 1831. Ils ont tort, dit la Gazette, il n'y a
» qu'*erreur*. »

Ces réflexions sont évidemment dans le genre de ces innombrables épigrammes que lancent tous les jours impunément le *Figaro*, le *Corsaire*, et tous les petits journaux du matin qui forment le dessert obligé du déjeûner parisien. De tout temps, en France, il a été permis de rire et de plaisanter, surtout lorsqu'on paie les impôts ; et si le chiffre du budget est la mesure de la gaieté légale, jamais aucune époque n'eut le droit d'être plus joyeuse que la nôtre. Du reste, si le ministère public ne veut pas rire, il sera facile de prouver très-sérieusement que l'article n'excite pas à la haine et au mépris du gouvernement du roi.

Lui-même l'a proclamé, chacun est maître de ses opinions.

Un fonctionnaire de Charles X peut donc croire qu'il lui était défendu par l'honneur de servir Louis-Philippe. Non-seulement il a le droit de le penser, mais il peut encore le dire, puisque chacun est libre de publier ses opinions. Qu'un tel homme soit présenté comme le soutien et l'agent du pouvoir actuel ; à ses yeux, à ceux des personnes qui partagent ses sentimens politiques, il aura été diffamé.

Reclamer en pareil cas, contre cette méprise, en manifestant ses propres idées et ses principes, c'est faire usage de son droit, ce n'est pas commettre un délit.

La Gazette de Bretagne s'est-elle rendue plus coupable, en publiant l'article incriminé dans le n.° du 5 mars ? C'est un article de botanique autant que de politique. Mais dans ce siècle de grandes choses, on s'occupe aussi des plus petites. Déjà nous avons vu le pouvoir s'alarmer à la vue d'un chou dit *Henriquinquiste* ; il ne serait pas étonnant qu'il défendît aux roses d'être blanches, aux arbres de verdir, puisque le vert et le blanc sont aujourd'hui des couleurs séditieuses.

Cependant le ministère public n'a trouvé qu'une seule phrase essentiellement coupable ; la voici : « Depuis que » les libérés, au lieu et place des libéraux, gouvernent le » gouvernement, etc. »

Représenter l'état comme gouverné par des forçats libérés, s'écrie M. l'avocat-général, n'est-ce pas exciter contre lui à la haine et au mépris ?

Le poëte a eu raison de le dire, Messieurs :

> Rien n'est si dangereux qu'un imprudent ami ;
> Mieux vaudrait un sage ennemi.

Cette accusation est véritablement imprudente. N'est-ce pas nuire au gouvernement que de supposer qu'il pourra venir à l'esprit de quelqu'un que les ministres actuels sont des hommes flétris par la loi et l'opinion. Nous avons appris qu'un porte-feuille peut être confié à un échappé de collége, mais pas encore à un échappé du bagne.

On sait bien que les forçats libérés ne sont pas admis au conseil des ministres, et il faut que la préoccupation du ministère public ait été bien grande, pour ne pas voir qu'il ne pouvait être question, dans cet article, que d'une influence quelconque exercée par des forçats sur le gouvernement.

Cette influence de fait, qui pourrait la nier ? Si vous voulez le faire avec succès, rayez donc de notre histoire toutes les scènes de scandale et de désordres dont les forçats libérés ont été les héros, depuis le mois de juillet. Un ministre les a, dit-on, tranquillement contemplés du haut de son balcon; que cette allégation puisse n'être pas fondée, n'importe; il sera toujours vrai de dire que le gouvernement a manqué de force ou de volonté, pour réprimer les auteurs de ces déplorables excès. Dès-lors il a subi leur influence et s'est évidemment dans ce sens qu'il a été dit par la GAZETTE DE BRETAGNE, *que le gouvernement avait été gouverné par eux.*

De pareils actes de vandalisme peuvent inspirer de la haine ou du mépris pour le gouvernement, mais ce n'est pas aux journaux qui les rapportent, aux victimes qui en souffrent, qu'on doit s'en prendre; c'est ailleurs qu'il faut chercher les coupables.

J'arrive à l'article du 9 mars qui offre une peinture remarquable et vraie de la situation des départemens de l'Ouest. Le ministère public qui ne voit que du romantique dans des affections énergiques et profondes, demande, d'un air triomphant, quand on a vu « la désolation dans le » sanctuaire, les jeunes Lévites chassés comme de vils » troupeaux, errer dans les campagnes, sans savoir où » reposer leurs têtes, les croix mutilées, etc. »

La réponse est aussi facile que la question. L'accusation a-t-elle donc oublié le pillage et la destruction de l'archevêché de Paris ? Ne sait-elle pas que le vénérable prélat de la Capitale n'a plus d'habitation, ni à la ville, ni à la campagne ; que le chef de ce grand troupeau est aujourd'hui sans asile, obligé de recourir aux secours de l'amitié chrétienne pour continuer son noble ministère.

C'est ordinairement le chêne superbe qui est atteint par la foudre : l'orage de la révolution n'a pas même épargné le roseau. Il a frappé jusqu'à ces modestes Lévites uniquement occupés de s'instruire et de chanter les louanges du Seigneur. Ils ont été chassés de leur paisible retraite et dispersés par la tempête. Entre vingt exemples que je pourrais citer, il me suffira de parler des séminaires de Picpus et de Saint-Nicolas, à Paris, des séminaires de Perpignan et d'Angoûlême. Maintenant encore, il est plusieurs contrées où les prêtres sont l'objet de la surveillance la plus active. A peine leur est-il permis d'aller chercher, près de leurs confrères, les délassemens et les consolations de l'amitié. Ces visites sont fréquemment une occasion d'interrogatoires, un prétexte aux vexations(1). Mais je n'ai pas encore justifié la GAZETTE d'avoir peint le gouvernement « se traînant à la suite des profanateurs,

---

(1) Dans la Sarthe, on a vu des gardes nationaux venir interrompre le banquet fraternel de quelques prêtres, et les reconduire chez eux la baïonnette au bout du fusil.

» pour abattre ce que leurs mains sacrilèges avaient ren-
» versé. »

Ces mots rappellent les jours déplorables où, à la suite
de prières inoffensives, des malheureux ont vengé jusque
sur Dieu même, l'imprudence de quelques mortels. Des
églises ont été pillées, des croix renversées, et l'autorité
est devenue complice de ces forfaits, au moins par son silence et son inaction. Bientôt elle s'est mise en mouvement, mais pour se traîner en effet à la suite des profanateurs, pour détruire avec les croix, les armes de la
royauté la plus ancienne, pour gratter, briser, arracher
partout ces nobles fleurs de lys, dont ses rêves inconsé-
quens avaient projeté l'alliance avec le drapeau tricolore.

Ces crimes et cette faiblesse ont été flétris à la tribune,
par des hommes dont les paroles ne sont pas plus suspectes
que leur talent n'est douteux.

Ils ont senti combien il était absurde de renverser, au
nom de la liberté, le signe le plus ancien de cette liberté
même. Ah ! Messieurs, puisque cette fureur de destruction n'est pas encore éteinte, qu'on veuille donc y ré-
fléchir. N'est-ce pas la croix qui brisa la première, les
fers de l'esclavage, qui apprit aux hommes qu'ils étaient
tous frères, et qui, en proclamant l'égalité chrétienne,
prépara cette égalité civile, cette égalité devant la loi,
que réclament toutes les opinions.

Banissez tout respect et toute reconnaissance, si vous
le voulez ; mais au moins soyez conséquens avec vous-
mêmes ; et n'invoquez pas la liberté, en brisant ses plus
antiques emblêmes.

Je viens, Messieurs, d'examiner les trois articles dans
lesquels on a cru trouver le délit d'excitation à la haine et
au mépris du gouvernement du roi. L'erreur du ministère
public est évidente. Il a confondu le gouvernement, c'est-
à-dire la constitution de l'état avec les agens de l'autorité.
Les passages incriminés sont uniquement la censure des
ministres ; cette censure est toujours permise, et, dans la
circonstance, elle était d'autant plus légale, qu'elle était
mieux méritée.

La troisième espèce de délits qu'on impute à la Gazette
de Bretagne est celle qui a pour objet la provocation à
la rébellion et à des attentats tendant à armer les citoyens
les uns contre les autres.

Le premier article où l'on a cru trouver ce délit, vraiment effrayant se trouve dans la feuille du 5 mars. Vous connaissez déjà, Messieurs, tous les voyages de cet article qui, long-temps heureux dans ses courses, est venu se faire saisir et poursuivre en cette ville.

Le ministère public reconnaissant qu'il avait été pris tout entier dans un autre journal, a déclaré loyalement abandonner la prévention, en ce qui concernait cet article. Du reste, il n'était pas difficile de le justifier au fonds. « Quoi » qu'il y ait eu en France une révolution, la France n'est » pas révolutionnaire. A l'exception de quelques avocats, » de quelques rédacteurs de journaux et de la jeunesse des » écoles, toutes les classes de la société ont été saisies » d'horreur, à l'apparition de la révolution de juillet. »

Ce passage, on aurait dû le remarquer, n'a pas trait à l'époque actuelle, mais à celle des 27, 28 et 29 juillet. Alors point de gouvernement ; le sceptre en quelque sorte laissé à la merci du premier qui aurait osé y porter la main ; l'affreux aspect du départ pour Rambouillet ; le drapeau noir, signe de ralliement de ceux qui n'avaient d'autre opinion que les massacres et le brigandage ; les menaces d'une république ; les cris de mort contre la chambre des pairs et celle des députés : n'était-ce pas là un tableau assez hideux et assez effrayant pour inspirer *l'horreur* à tous les gens de bien, à toutes les classes paisibles de la société?

Mais l'article parle de l'inquiétude générale, de la stagnation du commerce, de la prospérité sans cesse décroissante de la France.

Messieurs, on ne raisonne point contre les faits : je ne parle pas de notre position, pour l'aggraver, mais pour qu'on y remédie, s'il est possible. Les misères de la France ne sont hélas! que trop vraies. Vanter au peuple son bonheur quand il souffre, c'est insulter à sa détresse, la rendre plus poignante et plus insupportable encore.

Ce peu de mots suffira pour un article à l'égard duquel la prévention a été abandonnée.

Il en est un autre auquel le ministère public paraît attacher une grande importance; l'article relatif à la visite du château de Talhouët, inséré dans la feuille du 5 mars.

Il est facile de résumer brièvement les véritables principes sur les visites domiciliaires.

D'après les lois des 28 germinal, an VI, art. 131, et 22 frimaire, an VIII, art. 76, la maison de chaque citoyen est un asyle inviolable; nulle autorité quelle quelle soit n'a le droit d'y pénétrer *pendant la nuit,* si ce n'est en cas d'*incendie,* d'*inondation* ou de *réclamation* venant de l'intérieur. Ce principe de l'inviolabilité du domicile est tellement sacré que les coups, les blessures, l'homicide même qui ont eu pour objet de repousser l'invasion du domicile pendant la nuit, ne constituent ni crime ni délit. (art. 327, 328 et 329 du code pénal.)

Pendant le jour, la gendarmerie ne peut entrer dans la demeure d'un citoyen, même pour y chercher un accusé ou un prévenu qu'en vertu d'un mandat spécial du juge d'instruction compétent.

Dans tous les autres cas, un seul fonctionnaire public, le juge d'instruction, a qualité pour faire une visite domiciliaire. Le procureur du roi lui-même est privé de ce droit. Hors le cas de flagrant délit, ou de force majeure spécifiés plus haut.

Ainsi l'autorité militaire, l'autorité administrative, depuis le ministre de l'intérieur jusqu'au dernier maire, n'a aucun droit pour ordonner ou faire des visites domiciliaires.

Cette doctrine incontestable condamne et flétrit toutes celles qui viennent de désoler la France. Illégales dans leur principe, elles le sont encore par le mépris de toutes les formes qu'on devait observer. Ce sont autant de violations de domicile, de véritables délits prévus et punis par l'art. 184 du code pénal.

Messieurs, vous frémissez encore d'indignation au souvenir de ces vives images que la défense vous a présentées avec autant de vérité que d'énergie. Vous vous rappelez cette brutale ardeur de perquisition que n'arrête ni les maladies, ni les souffrances, qui va fouiller jusque dans la couche de douleurs, jusque sous l'appareil qui recouvre la plaie du malheureux blessé. A ces peintures déchirantes, on aurait pu ajouter un trait publié par les journaux.

Des agens de police entrent dans l'appartement d'une femme; ils s'emparent d'un papier contenant ces mystères de la conscience qui ne se révèlent qu'à Dieu et à celui qui le représente sur la terre; déjà tremblante, la victime de cette illégale visite, demande que la pièce saisie soit remise cachetée entre les mains du magistrat, et elle le demande en vain! Des misérables se font un jeu barbare, impie, de violer les secrets les plus intimes d'une femme sans défense, et de lui faire subir une sorte de torture morale. Hélas ! elle n'y peut résister ; elle tombe défaillante, et presque sans vie. Où donc est la liberté religieuse solemnellement promise ? où donc est la liberté de la personne qui devait être si sacrée ? où donc enfin est l'inviolabilité du domicile que nos voisins d'outre-mer appellent leur forteresse, et que les anciens remplissaient des statues de leurs dieux, pour le rendre encore plus inviolable et plus sacré ! Et l'on s'étonne que, dans un pays en butte à tant de persécutions, l'autorité rencontre des résistances ! Ah ! s'il en était autrement, nous serions dignes de porter des fers, car nous aurions le cœur des esclaves.

Dirai-je ici, Messieurs, ma pensée toute entière ? je le puis ; elle n'a rien d'hostile pour le gouvernement. Il ne veut pas la guerre civile ; je le crois d'autant mieux que seul peut-être, il n'y peut rien gagner. Mais il a des agens qu'anime un esprit contraire. Ils le trompent sans cesse sur l'état du pays ; ils en font des peintures exagérées, pour autoriser les vexations et ils commettent les vexations, pour lasser la patience, exciter la révolte et produire enfin ce qu'ils supposent exister déjà.

Une pareille conduite doit être signalée. Il faut enfin que la France sache quels sont ceux qui poussent à la guerre civile : semblable à la vengeance divine, le jour de la vengeance des peuples est parfois lent à paraître, mais il se lève tôt ou tard, et il se lèvera terrible contre ceux qui auront provoqué, en France, l'effusion du sang français.

Les réflexions de la GAZETTE DE BRETAGNE, sur les actes arbitraires si nombreux et si criant dont une partie de la France, a été victime, et l'exposé des principes en vertu desquels on peut, en pareil cas, résister légalement à l'autorité, sont une suite du droit de légitime défense, et non pas une provocation à la rébellion. Ce troisième chef de prévention est donc aussi peu fondé que les autres.

Je viens d'examiner successivement chacun des articles incriminés et je crois avoir répondu à tous les argumens du ministère public.

Je ne vous demanderai point en terminant, Messieurs, quels sont vos opinions politiques ? non, je n'ai pas besoin de les connaître : il me suffit de savoir que vous avez promis d'agir en hommes fermes et libres. Cette fermeté, vous en ferez usage contre des influences illégales, contre toute espèce de violence morale que l'on voudrait exercer sur vos consciences. Celui-là ne serait pas digne de l'honneur de juger ses concitoyens qui pourrait fléchir devant une crainte quelconque.

Cette liberté, vous ne souffrirez pas que l'on y porte atteinte. La liberté de la presse est la sauve-garde de tous nos intérêts, de tous nos droits. C'est la dernière ressource contre l'arbitraire, la violence et les excès de toute nature. Gardiens de ce dépôt sacré, vous le rendrez intact à vos successeurs, et vous aurez dignement rempli la mission qui vous était confiée.

A peine l'orateur a-t-il prononcé ces derniers mots, que M.ᵉ Fontaine, ne pouvant plus contenir les sentimens d'indignation que la violation de la défense avait amassés dans son âme, se lève et laisse échapper quelques paroles véhémentes que nous regrettons de ne pouvoir reproduire. Cette apostrophe pleine de noblesse et d'énergie, comprime pendant quelques instants les passions de la multitude ; mais bientôt une nouvelle explosion de murmures couvre la voix de l'orateur ; l'agitation est au comble. M. le président invite M.ᵉ Fontaine à ne pas s'adresser au public et déclare que, s'il n'a pas interrompu les avocats, c'est qu'il a pensé que la défense avait été consciencieuse. Satisfait de cet hommage rendu à la vérité, M.ᵉ Fontaine renonce à lutter plus long-temps.

Après le résumé impartial de M. le président, au moment où les jurés allaient entrer dans la salle de leurs délibérations, les vociférations, les cris : *à bas les chouans !* redoublèrent de violence. Les perturbateurs espéraient-ils effrayer nos juges et en obtenir une condamnation ? Quoiqu'il en soit, après la sortie du jury, le tumulte continua de régner dans l'auditoire, malgré la présence des magistrats et d'une force armée imposante.

Cependant les jurés rentrent dans la salle. Leur chef, M. Desnos de la Grée, chevalier de la Légion-d'Honneur, président du tribunal de Rennes, démissionnaire par refus de serment, se dispose à faire connaître le résultat de la délibération.

Un profond silence s'établit ; mais aux premières réponses négatives, des cris et des sifflets partent de tous les points de la salle. En vain, M. Desnos veut poursuivre sa lecture ; sa voix est couverte par le bruit. Il se tourne alors, avec dignité, vers le président de la cour et le prie d'ordonner que force reste à justice. Ce magistrat adresse en vain, pour la dixième fois peut-être, quelques paroles à l'auditoire, tantôt faisant un appel à ses lumières, tantôt menaçant de faire évacuer la salle. Ses exhortations et ses ordres sont méconnus. Si les cris cessent pendant la lecture de la question, la réponse toujours négative les fait éclater avec une nouvelle fureur. Ce n'est plus seulement : *à bas les chouans ! à bas les carlistes !* c'est aussi : *à bas les jurés !* que l'on crie de toutes parts. On ne respecte ni la majesté du lieu, ni la sainteté du jugement, ni la conscience des juges, ni la position d'un accusé. Le sanctuaire *de la* justice devient semblable au parterre d'un théâtre, et, en présence de cet effroyable désordre, la justice elle-même reste sans force.

A dix heures et demie, l'acquittement de la Gazette est prononcé. La foule se précipite alors sur la place du Palais et des groupes menaçans se forment, à deux pas de la force armée. Ils se dirigent d'abord vers la demeure de Mme Frout, imprimeur de la GAZETTE, en chantant la *Marseillaise* et en poussant des cris de sang.

Ses vitres sont brisées et des pierres sont jetées dans l'intérieur de sa maison. Le rassemblement se porte ensuite sous les fenêtres de M. Desnos de la Grée ; les mêmes cris se font entendre pendant une demi-heure, plusieurs pierres sont lancées dans ses fenêtres et ne sont arrêtées que par les volets. Un voisin qui paraît sur le seuil de sa porte, avec une lumière, est blessé à la tête et la force armée n'intervient que pour assister à ces désordres. Les groupes se dirigent ensuite vers la demeure de notre ancien gérant et delà vers l'imprimerie de la GAZETTE. Ici les violences prennent un caractère plus grave encore. Quoique les ouvriers fussent encore dans les ateliers, la menuiserie des impostes est mise en pièces, une prodigieuse quantité de pierres, d'une grosseur énorme, est lancée dans l'intérieur, force les ouvriers à se réfugier dans une pièce voisine et brise des formes et des caractères.

Nos défenseurs ne devaient pas être oubliés. Trompés par un faux rapport, les perturbateurs, chantant ou plutôt hurlant toujours la *Marseillaise,* se rendent sous les croisées d'un hôtel où ils crient : *Guibourg et Fontaine à la lanterne !*

Les jours suivans, de nouveaux rassemblemens parcoururent la ville, en vociférant sous les fenêtres des personnes que nous avons déjà nommées, et en faisant entendre le son d'instrumens discordans.

Des détachemens de la force armée précédaient et suivaient ces bandes, s'arrêtant et se remettant en mouvement avec elles.

Enfin, le quatrième jour, une pluie abondante coïncidant avec la condamnation de la GAZETTE (1) à 1000 fr. d'amende, *maximum* de la peine qui pouvait être appliquée, d'après la déclaration du jury, refroidit les passions déchaînées jusque-là avec tant de fureur contre notre journal, et, mieux que l'autorité, dissipa les rassemblemens et rendit le calme à la ville.

Le même jour et le lendemain, deux condamnations par défaut à un mois de prison et 3000 fr. d'amende vinrent satisfaire de plus en plus les haines du parti.

Notre gérant s'était vu forcé de se retirer de l'audience, par l'insistance de la cour à repousser les témoins qu'il avait appelés, pour établir la réalité des faits constitutifs des nouveaux délits de diffamation qu'on lui imputait d'avoir commis, en rendant compte de visites domiciliaires.

C'est pour inobservation de *formalités* inapplicables selon nos avocats, que la cour s'est refusée à l'audition de ces témoins. M. le président n'a pas jugé à propos de recevoir par forme de simples renseignemens, leurs déclarations : il a usé de son pouvoir discrétionnaire.......
Mais de quel droit le ministère public nous a-t-il reproché d'avoir voulu faire du scandale en appelant des témoins ?
Un scandale ! quelle parole contre un accusé qui doit

---

(1) Prévenue des délits de diffamation et d'injures envers des dépositaires de la force publique, pour avoir inséré une lettre de M. Briot de Loyat, relative à une visite domiciliaire faite à son domicile, la GAZETTE DE BRETAGNE avait été acquittée sur le premier chef, et n'avait été déclarée coupable par le jury que de simples injures envers des agens de l'autorité, agissant HORS DE L'EXERCICE LÉGAL DE LEURS FONCTIONS. M. Briot, auteur de la lettre et victime d'une perquisition reconnue illégale, n'en a pas moins aussi été condamné au *maximum* de la peine, pour des injures qui ne s'adressaient plus qu'à de simples particuliers !

se justifier dans la bouche d'un accusateur à qui son noble ministère fait un devoir de rechercher la vérité. Les noms de ces témoins lui avaient été notifiés ; les nôtres lui étaient connus: il ne devait donc outrager ni leur caractère ni celui des hommes qui les produisaient. Ah! si révéler des actes illégaux, des excès de pouvoir, c'est faire du scandale, comment faudra-t-il qualifier des dépositaires de l'autorité qui n'ont pas rougi de s'en rendre coupables. Sous la restauration, ce n'étaient pas les victimes qu'on inculpait, les fonctionnaires publics qu'on essayait de soustraire au grand jour de l'audience; et, pour ne citer qu'un seul exemple, nous avons vu un maire honorable condamné pour avoir, dans l'intérêt des mœurs, chassé une femme de sa commune. En entendant les arrêts de la justice, les royalistes faisaient-ils éclater des plaintes, des murmures improbateurs ? Non, ils gardaient un respectueux silence. Ils savaient sacrifier leurs affections privées, leurs sympathies politiques aux droits de la défense, à l'autorité des magistrats; et les magistrats à leur tour, n'auraient pas souffert qu'on méconnût impunément leur caractère.

PIÈCES JUSTIFICATIVES.

Depuis quelques jours, M. de la Haichois était au château de Kerfilly, commune d'Elven, où des affaires d'intérêt l'appellent fréquemment. Citoyen paisible et inoffensif, il croyait y être en sûreté, lorsque, dans la nuit du 1.ᵉʳ au 2 mars, tout-à-coup un bruit affreux se fait entendre. C'était un cliquetis d'armes et le fracas des portes qu'on enfonçait. En un instant sa chambre à coucher est envahie par une multitude armée, et vingt bayonnettes se croisent sur sa poitrine. Cependant on apporte de la lumière. Alors, M. de la Haichois somme l'officier commandant d'exhiber les ordres en vertu desquels il agissait, et de le présenter au magistrat qui devait l'accompagner. On lui répondit alors qu'il n'était *pas besoin de magistrat;* qu'on agissait en vertu d'ordres supérieurs ; et le droit cédant à la violence, on fit à l'instant, dans tous les appartemens, les recherches les plus minutieuses qui furent sans résultat.

Pendant cette inquisition, le fermier lui-même était soumis aux mêmes recherches. On ne se contentait pas de bouleverser tout son ménage, on le traitait de chouan et de brigand, et l'on ajoutait à ces épithètes quelques coups de crosses de fusil, parce qu'il ne répondait pas, comme on l'eût voulu, aux interpellations qui lui étaient faites par tout le monde à la fois. Enfin, le malheureux fermier fut obligé d'accompagner la troupe, qui venait de le traiter ainsi. jusqu'à une lieue et demie de son domicile, sur la route de *Malestroit,* et ce n'est que vers huit heures du matin qu'il put rentrer chez lui, encore tout épouvanté et harrassé de fatigue.

Parmi les nombreuses victimes citées par nous, pour venir déposer en face de la justice, du bonheur dont le gouvernement actuel nous accable, figurait le sieur Joube, commerçant de Josselin, âgé de 5o ans. Cet infortuné portait encore, et portera probablement toujours, sur sa figure le souvenir des mesures protectrices de M. de Montalivet.

Voici, d'après une déclaration signée de lui, et que nous avons entre les mains, le récit des actes barbares auxquels on s'est livré sur sa personne.

Le 27 février dernier, à cinq heures et demie du soir, 3o à 4o gendarmes entrèrent dans la maison du sieur François-Marie Joube, commerçant à Josselin. Là, sans être accompagnés ni du maire, ni du juge d'instruction, ils procédèrent à une perquisition qui fut des plus minutieuses, et à laquelle n'assistait aucun fonctionnaire public.

Elle ne fut point faite de meuble en meuble, de chambre en chambre, mais partout en même temps.

Le sieur Joube fut pris au collet, et on le conduisit dans le jardin à coups de crosse de fusils. Il reçut aussi plusieurs coups de poing

Arrivé près d'un encavage : Messieurs, dit Joube aux perquisiteurs, prenez garde, vous pouvez tomber et vous faire mal ; l'encavage est ouvert. Il en reçut pour réponse : Tu vas y aller, toi, gredin ; tu n'es qu'un coquin de *chouan* ; en même temps un coup de poing appliqué sur l'estomac le fit tomber à la renverse dans cet encavage profond de quatre pieds. Le sieur Joube voulut alors se relever ; au moment où il parvenait à en sortir, un nouveau coup sur la tête le fit retomber.

On le fit asseoir ensuite sur un fourneau, où il fut mis deux fois en joue.

A chaque question des perquisiteurs (et elles furent nombreuses), le sieur Joube recevait un soufflet, si, préalablement, il n'avait humblement demandé à ces messieurs la permission de répondre.

Il fut ensuite conduit à son écurie où on lui prodigua les mêmes traitemens. Un coup de crosse de fusil le fit tomber. Il tombe pour ramasser quelque chose à terre et nous le jetter à la figure, dit un de ces furieux ! Il faut bien que je tombe à terre, répondit le malheureux Joube, puisque vous m'y renversez.

Rendu à l'écurie on le saisit à la gorge et on le serrait tellement fort qu'il en a porté les marques pendant plus de trois semaines.

On le prenait par la tête, et on la lui frappait contre les murs. Joube était couvert de sang.

Un riche particulier de Josselin, garde national, passa heureusement devant cette scène de désordre et ne put, malgré ses opinions libérales, contenir son indignation. C'est à lui que Joube attribue sa délivrance. Depuis ce temps, le sieur Joube, qui s'était toujours bien porté, ne peut se livrer au travail accoutumé. Il y a quelque temps qu'il vomit une certaine quantité de sang extravasé. On ne sait s'il se retablira jamais.

Le sieur Joube s'est présenté au maire, a formé sa plainte, il n'a point été écouté. Les gendarmes qui l'ont maltraité arrivaient de Paris ; *ils avaient combattu dans les glorieuses journées.*

François Josse, fermier près Josselin, était retenu au lit par une indisposition qui avait nécesssité l'application d'un grand nombre de sangsues. Après l'affaire de Talhouet, sous prétexte qu'il faisait partie de la bande de la Houssays et qu'il pouvait y avoir reçu une blessure, on se rend chez lui, on le force de sortir de son lit, on le met complètement nu, on va même jusqu'à enlever l'appareil posé sur les morsures de sangsues. Ces mauvais traitemens aggravèrent la maladie du malheureux Josse et lui causèrent une fièvre intermittente qui a duré deux mois.